couverture:
Quentin Tarantino sur le tournage de *Django Unchained*

page précédente:
Inglourious Basterds

Ouvrage coédité avec Les Prairies ordinaires

Directeur: Thierry Lounas
Directeur littéraire: Emmanuel Burdeau
Responsable des éditions: Camille Pollas

Conception graphique cyriac pour gr20paris

isbn 978-2-918040-59-0
Deuxième tirage (mars 2013)

Remerciements: Clémence Bouche, Richard Miller, Mélisande Morand, Marianne Narboni, Pierrette Prim, Jean-Pierre Vincent, Paula Woods.

Capricci
contact@capricci.fr
www.capricci.fr

QUENTIN TARANTINO

un cinéma déchaîné

Ouvrage dirigé par
Emmanuel Burdeau & Nicolas Vieillescazes

6 **RECOMMENCER** *Reservoir Dogs* et *Pulp Fiction* — Nicolas VIEILLESCAZES

18 **DE LA DISTRACTION** *Pulp Fiction* — Pascal BONITZER

36 **LA DÉESSE DE LA FATIGUE** *Jackie Brown* — Hervé AUBRON

52 **L'ÉPURE EN COSTUME D'ARLEQUIN** *Kill Bill volume 1* et *Kill Bill volume 2* — Noémie LUCIANI

72 **JOUIR POUR PERDRE** *Kill Bill volume 1* et *Kill Bill volume 2* — Éric CHAUVIER

84 **SURFACE ET POLARITÉS** *Boulevard de la mort* — Corinne RONDEAU

100 **L'IMAGE-VENGEANCE TARANTINO FACE À L'HISTOIRE** *Inglourious Basterds* — Marie GIL et Patrice MANIGLIER

122 **UN BARBARE EN ANTINAZI** *Inglourious Basterds* — Jean NARBONI

134 **VERS SA DESTINÉE** *Django Unchained* — Emmanuel BURDEAU

154 Présentation des auteurs

RE
COMMENCER

par Nicolas VIEILLESCAZES

RESERVOIR DOGS

[1992]

PULP FICTION

[1994]

1

En revoyant, vingt et dix-huit ans après, *Reservoir Dogs* et *Pulp Fiction*, on se dit que l'on a vieilli et l'on se demande forcément ce que l'on pouvait bien leur trouver, à l'époque où, adolescent, on s'enthousiasma pour eux. Il y a dans ce revisionnage — à moins qu'il ne faille parler, comme à propos d'un ami proche dont on s'est éloigné, d'une revoyure — un travail du souvenir qui nous confronte au moi que l'on était alors, un moi qui, épris de cinéma, ne pouvait manquer les clins d'œil à Godard, Melville ou John Woo, toutes choses qui, à présent, semblent moins passionnantes ou en tout cas moins décisives. Mais dans cette tentative de ressaisie, ce qui frappe avant tout, c'est à quel point ces films sont devenus invisibles, comme si notre souvenir, se substituant à ces objets que nous avions pu voir, dans la fraîcheur de leur apparition, nous les avait rendus inaccessibles.

Films invisibles, films, en fait, *invoyables*. Cette difficulté, il semblerait naturel de la traduire en ennui ; naturel aussi, pour le travail de l'analyse, de l'effacer comme une donnée surnuméraire, guère généralisable ni transmissible à celles et ceux, plus jeunes, qui ont découvert ces films après *Kill Bill* ou *Inglourious Basterds* et dont l'expérience ne peut que nous échapper ; naturel, enfin, de l'objectiver hâtivement en une évaluation simple : les deux premiers films de Quentin Tarantino sont superficiels, clinquants, bref ratés.

Or cette difficulté, il serait plus fécond d'y voir un symptôme, dans la mesure où elle signale non pas seulement le décalage entre le souvenir et des objets qui en sont indépendants, mais aussi la manière dont ces films travaillent dans le souvenir. Mieux : comme souvenirs vécus. Indissociables de moments d'expérience, comme un morceau de musique associé à des personnes particulières ou un livre attaché aux saisons où on l'a lu, ils font bloc avec nous, contre nous, et résistent à toute projection, matériau dont nous sommes nous-mêmes faits. L'échec de cette première approche analytique n'est pas une mince réussite pour des films se présentant comme des configurations mémorielles, remémorations ou commémorations d'une culture antérieure, et d'une culture qui, par ses modes de production et de consommation, se voulait elle-même minuscule, mineure, imperceptible, divertissante l'espace d'un instant et vouée à disparaître aussitôt dans l'oubli. Une culture typisée, fabriquée en masse et à l'intention des masses, destinée à se glisser insensiblement dans le quotidien, ameublement sonore, musique de fête, lecture pour passer le temps, sortie au *drive-in* avec un(e) *date*, une culture, littéralement, de distraction, que l'on pouvait regarder d'un œil, écouter d'une oreille, consommer en faisant ou en consommant autre chose, une culture visant au mieux à produire des réactions simples, rire, suspens, tension, excitation, peur ou pleurs, bref, une culture quotidienne et une culture du quotidien.

Ce qu'avec tout cela Tarantino ressuscite dans ses personnages, c'est un mot d'ordre, une attitude ou un idéologème qui produit une miraculeuse synthèse des années 1950-70 américaines: être *cool*. *Cool* comme le cowboy Marlboro et la ménagère entourée d'appareils électriques flambant neufs, comme le cadre dans son bureau climatisé et les premiers disques de Chet Baker, comme les militants du Black Panther Party et David Carradine dans *Kung Fu* (1972-1975), comme Fonzie dans *Happy Days* (1974-1984) et les hippies de la côte ouest. Dans l'histoire de la musique pop, Elvis, Sam Cooke et Lou Reed resteront, chacun à sa manière, des cas exemplaires de cette propriété mystérieuse. Les héros de la *blaxploitation* le montrent, et, avant eux, les professionnels de l'évasion de *The Great Escape* (John Sturges, 1963), et mille autres avec eux : être *cool* implique une préoccupation dans le détachement, et *vice versa*. Souffrir sans en avoir l'air, être un impitoyable tueur sans en avoir l'air, militer avec intransigeance sans en avoir l'air — sans en avoir l'air, mais sans s'en cacher non plus: un étrange dédoublement se traduisant par la coexistence, en surface, de deux intensités contraires et indissociables l'une de l'autre. *Reservoir Dogs* et *Pulp Fiction* nous offrent sur ce plan une véritable taxinomie de la *coolness*: on peut être *cool* comme le sympathique Mr. White ou bien, à l'autre bout du spectre, comme son jumeau maléfique et son double época1, le cruel Mr. Blonde, celui-là même qui torture en dansant le flic attaché à sa chaise sur l'air de « Stuck In The Middle With You »: le *welfare state* et le *warfare state*, à l'étranger aussi bien que sur le plan intérieur.

Toujours est-il qu'au moment où ces figures apparaissent sur la scène, elles appartiennent déjà au passé; on pourrait même dire que le Michael Myers de *Halloween* (John Carpenter, 1978), aussi impénétrable que son masque, fut simultanément la parodie monstrueuse et le dernier avatar historique de la *coolness*

— également perceptible chez les premiers zombies de George Romero (*La Nuit des morts vivants*, 1968) —, et que celle-ci disparut bientôt dans un nouveau spectre affectif, borné à un pôle par la surexcitation cocaïnée des années Reagan, et à l'autre, par l'aboulie et l'avachissement. Ou, chez Tarantino : si les légumes humains que sont Brad Pitt dans *True Romance* (Tony Scott, 1993, d'après un scénario de Tarantino) et Robert de Niro dans *Jackie Brown* (1997) contrastent avec les piles sur pattes incarnées par Pumpkin et Honey Bunny dans *Pulp Fiction*, ils n'en appartiennent pas moins au même monde, un monde qui exclut celui dans lequel vivent, qui plus est en noir et blanc, Vincent, Jules et les *Dogs*. Ainsi envisagés, les deux premiers Tarantino tournent à l'histoire de fantômes.

On remarquera cependant que, dans *Reservoir Dogs*, la coupure s'établit dès le prégénérique, au sein même de l'équipe des gangsters. Dans la querelle entre le compatissant Mr. White et le personnage, ouvertement égoïste et libertarien, de Mr. Pink, au sujet du pourboire à donner à la serveuse, transparaît en effet une distinction historique entre deux théories libérales, que pourraient résumer les noms de John Rawls et de Robert Nozick — en substance, redistribution au profit des moins favorisés, ou bien suppression des mécanismes redistributifs et rétribution fondée sur le pur mérite individuel. Coexistence, à l'écran, de deux mondes opposés. Mais l'ancien doit céder la place : ce n'est pas un hasard si Jules décide de prendre sa retraite, si Vincent se fait tuer, à la sortie des chiottes, par Butch, si le puissant Marsellus se fait sodomiser par deux petites frappes, si Mr. White a eu tort de donner sa confiance à Mr. Orange, flic infiltré. On ne saura jamais si ces deux derniers sont morts, ni si Mr. Pink a échappé à la police — l'important est qu'il se soit enfui, lui, le cynique, et que le bon Mr. White ait perdu.

Qui donc a dit qu'il n'y avait pas de politique chez Tarantino ? Il n'y a que cela. Qui a dit que l'Histoire n'avait fait irruption dans son cinéma que de manière tardive et parodique ? Il n'a jamais parlé que de cela, le plus sérieusement du monde, fût-ce par le truchement d'une montre enfoncée dans le rectum.

2

Les failles, les oppositions, les décalages historiques internes au système des personnages ne sont eux-mêmes que les indices de discontinuités plus profondes, c'est-à-dire aussi plus superficielles, et qui permettront de répondre à la question: pourquoi Tarantino n'a-t-il pas choisi de situer ses deux premiers films — auxquels il faudrait ajouter *Jackie Brown* et *Boulevard de la mort* — dans les années 1970? Pourquoi effacer autant que possible, sans pourtant les supprimer totalement, les signes du présent, que ce soit dans les décors, les costumes, les objets? Par contraste, les films de son compère, Robert Rodriguez, miment l'esthétique et les schémas narratifs du cinéma bis des années 1970 en les surimposant à un monde explicitement posé comme présent: ordinateurs dernier cri, voitures récentes, tenues vestimentaires d'aujourd'hui. Idem dans l'excellent *Hobo With a Shotgun* (Jason Eisener, 2011), qui a pu voir le jour grâce au concours de bandes annonces lancé par Rodriguez et Tarantino.

On trouve peut-être la clé de l'énigme dans le salon de Mia et Marsellus, salon neutre comme celui d'une maison témoin, où cohabitent un antique magnétophone à bandes, risible par sa taille (sous lequel on voit une pile de CD et sur lequel Mia écoute «Girl, You'll Be A Woman Soon»), et un système de caméras miniatures dont l'utilité n'apparaît pas évidente. L'hypothèse d'un dispositif de sécurité à la Tony Montana paraît exclue, puisque la maison, ouverte par de larges baies vitrées, ne semble posséder ni portail ni mur de protection. Compte plutôt l'étonnante association de deux appareils d'enregistrement et/ou de diffusion appartenant à différentes époques, redoublée par cette invraisemblance: sur son gros magnétophone, Mia n'écoute pas la chanson originale de Neil Diamond (1968) mais sa reprise par Urge Overkill (1992), dont on peut douter qu'elle ait été disponible sur ce support. Ici comme dans le reste de ces films, lorsque le monde actuel apparaît comme tel, c'est juxtaposé au passé, saturé par le passé, sur le mode de l'irruption et de l'incongruité, ou mieux, de l'anachronisme.

Il en résulte une étrange inversion des valences, dont le passé émerge non pas comme plus réel, mais comme plus présent que le monde actuel, et pour nous spectateurs, une troublante expérience temporelle, partagée entre la présence manifeste de ce qui se donne pour passé, et l'absence de ce présent dont on ne saurait pourtant oublier qu'il est là, partout autour, à l'extérieur des lieux clos où se déroulent presque toutes les scènes. Tout le monde, en effet, a pu constater que la quasi-totalité de *Pulp Fiction* et de *Reservoir Dogs* se passait dans ce qu'on est tenté d'appeler des boîtes, sans âge, sans localisation, et entre lesquelles on ne circule guère — hangar, appartements, bureaux, intérieurs de maison, restaurants, bars, habitacles de voiture, toilettes, garage, caves, magasins, et que l'extérieur, quand on pouvait le voir, était flou, lointain, ou plongé dans la nuit. Dans *Reservoir Dogs*, on éprouve même un grand soulagement, et d'abord un éblouissement, lorsqu'à la suite de Blonde, Pink et White, un travelling nous laisse un instant sortir du hangar où nous étions enfermés depuis près d'une demi-heure, pour nous conduire vers — quoi? une autre boîte, le coffre de voiture dans lequel se trouve le policier kidnappé par Blonde: «*You've been framed!*»

«*Framed*» est bien le mot car, comme le révèle une scène de *Pulp Fiction*, la boîte, par définition précadrée, fonctionne comme un analogon de l'image: à l'arrière du taxi dans lequel Butch s'enfuit, défile un paysage nocturne explicitement artificiel et en noir et blanc. Si forte qu'en soit la tentation, ne nous empressons pas d'y voir de la mise en abyme, du jeu réflexif du cinéma sur le cinéma. Il semble plutôt que ce cadre dans le cadre, où s'inversent à nouveau les valences du passé et du présent, renvoie à un archi-cadre, celui d'une image absente et toujours déjà là, condition de possibilité de toute image.

Affinons donc notre précédente question: Tarantino neutralise-t-il réellement le présent au nom d'idéaux audiovisuels nostalgiques? N'introduit-il pas au contraire ces référents passés pour perturber le présent de l'intérieur, cliver son immédiateté, et faire ainsi apparaître la médiation de l'immédiat, les médias comme médiation, comme cadre de perception et horizon de l'expérience, donc comme objet à problématiser? Désormais, la question du temps, présent et histoire, serait indissociable de l'image médiatique.

3

Il faut préciser la situation de Tarantino évoquée en commençant: au début des années 1990, la question de la culture se pose d'abord sous la forme d'une gigantesque accumulation de marchandises inertes, et Tarantino, au départ, avait peut-être pour seule ambition de s'effacer, de se placer non en *fons et origo* — en «auteur», comme on disait naguère — mais en producteur déjà collectif, en récupérateur de déchets industriels. Sa décharge à lui n'a toutefois rien à voir avec les sinistres empilements que nous avaient montrés Tobe Hooper dans *Massacre à la tronçonneuse* (1974), Wes Craven dans *La colline a des yeux* (1977), et, bien sûr, Godard dans *Week-end* (1967). Ce n'est pas l'extrême marge, en d'autres termes le centre et la vérité, d'une civilisation qui voudrait dissimuler son agonie derrière les aveuglantes surfaces vitrées de ses hypercentres, c'est le lieu de la transmission, de la transformation et du perpétuel recommencement. Devant la casse où, à la fin de *Pulp Fiction*, Vincent et Jules sont allés se débarrasser de la voiture contenant le cadavre de Marvin, Mr. Wolf s'exclame, désignant d'un geste grandiose l'héritière de l'entreprise: «Un jour, tout ça lui appartiendra.» L'admiration n'est pas feinte. Car oui, le jour est arrivé où tout cela, cet amoncellement d'objets inutiles et désuets, vieilles VHS, starlettes oubliées, bibelots kitsch, pièces détachées, vitres brisées, nous appartient bel et bien: à nous de les collecter, de les trier, de les recycler, de les réhabiliter. Désormais toute production est reproduction, et tout commencement recommencement.

Tarantino officialise ainsi une mutation fonctionnelle de la culture. Un oubli des hiérarchies, d'abord, où la grande culture rejoint paradoxalement la culture de masse qui en devient la vérité: rien ne saurait plus échapper au règne de la marchandise, tout est «produit culturel». Notons que l'on tient ici l'exact inverse du geste opéré par le premier Godard, avec qui l'on a souvent comparé Tarantino, et dont pourtant, seul, le rapproche vraiment le goût de la juxtaposition. Godard, en associant Auguste Renoir et Chandler ou Mozart et Jules Dassin, cherchait à rejouer le paragone et à rédimer la marchandise vulgaire par son élévation artistique; d'où une inscription de l'art cinématographique dans l'histoire générale des arts qu'il a perpétuée jusqu'à *Histoire(s) du cinéma* et au-delà. Tarantino au contraire, pleinement immergé dans l'industrie culturelle, étranger aussi bien au modernisme qu'à la culture classique européenne, ignore toute hiérarchie et substitue des matières médiatiques à l'axiologie artistique, presque au sens où Pierre Guyotat parlait de matières écrites. Comment la merde, le sperme peuvent changer la valence de l'écriture, la vider de son caractère représentationnel pour la faire sécrétion corporelle et la rendre aussi tangible, aussi apparemment naturelle, que de l'eau ou du sable. Cela ne signifie pas que tout se vaut; cela implique un déplacement du problème. Ici, les images médiatiques sont davantage que des objets offerts à une contemplation souveraine et détachée, davantage même qu'un environnement, car toujours déjà sous notre peau, en possession de notre parole, de nos échanges, de nos modes de pensée, de nos habitudes de vie. Les Fantastic Four, Charles Bronson, Pam Grier, Marylin Monroe, Ed Sullivan et des centaines d'autres sont les personnages de notre *Légende dorée.*

À cet égard le restaurant Jack Rabbit Slim, où l'on dîne de steaks Douglas Sirk et de burgers Durward Kirby servis par Zorro, Buddy Holly ou Mamie Van Doren, avant de participer à un concours de twist, constitue, bien plus qu'un décor *fifties* ou qu'un « *wax museum with a pulse* », comme le dit Vincent à Mia, un modèle réduit de notre monde, dans lequel la reproduction mécanique est intégrée, au point de se confondre avec elle, à la reproduction de la vie, et assimilée à l'acte de consommation le plus élémentaire: manger. Modèle réduit de notre monde et mise en scène — ou, ce qui revient ici au même, digestion — de son origine, avec cette synthèse médiatique des années 1950, où les succès populaires de la période dans tous les domaines (danse, musique, arts graphiques, cinéma de série B, design mobilier et automobile, architecture) sont rassemblés dans une salle de restaurant disposée et fonctionnant comme un plateau de télévision. Il y a cependant cette grande absente: la caméra elle-même, remplacée par un mur d'écrans rétro sur lesquels défilent des images de voitures et qui semblent signifier son inutilité patente. D'une part, nous sommes, comme toujours chez Tarantino, dans l'univers de la consommation, non dans celui de la production. Or la production, au cinéma, est de toute façon irreprésentable — *Passion* de Godard, *Body Double* de Brian De Palma, *Le Filmeur* d'Alain Cavalier, bien d'autres films, l'ont prouvé: le cinéaste ou l'équipe qui filment, même lorsqu'ils se filment, sont toujours ailleurs, de l'autre côté. D'autre part, la caméra est implicitement présente comme pré-cadre ou archi-image, condition de visibilité des années 1950 dont l'invisibilité est le seul mode de manifestation possible. En revanche l'autre caméra est là, celle de Tarantino, qui filme l'image médiatique des *fifties* mêmes. Une image objet, matière consommable et matériau brut.

4

Ce que donc Tarantino nous montre, ce qui nous est d'abord apparu sous l'aspect d'un contraste entre passé et présent, d'un jeu d'inversion des temps et d'exclusion réciproque, c'était en fait une réalité d'images. Le petit peuple tarantinien, qui s'agitait et se querellait devant nous, avait toujours déjà vécu, et il existe encore, à jamais, dans la gigantesque décharge de marchandises culturelles qui s'étend à perte de vue.

C'est là que, sous l'enthousiasme inépuisable du collectionneur et de l'*entertainer* amateur de blagues bien grasses, une inquiétude commence à poindre. Est-il, dans ces conditions, encore possible de raconter une histoire ou de choisir *une* histoire ? On sait que la réponse sera négative, que le fardeau de Tarantino sera de raconter toutes les histoires, dans un enchaînement d'anecdotes sans queue ni tête, semblant obéir au seul principe du caprice personnel. Si le personnage tarantinien parle, et surtout s'il parle de tout et n'importe quoi, sans ordre ni but, c'est peut-être parce que l'Objet, autour duquel pourrait se nouer une action principale, a disparu, parce que ce personnage évolue dans un monde de la distraction et de la digression, où la compossibilité de toutes les histoires rend toute histoire *une* impossible. *Dogs* sera, selon les propres termes de son réalisateur, un « film de braquage sans le braquage » et, dans *Pulp Fiction*, l'ultime vestige d'intrigue tournera autour d'une énigmatique valise — bien évidemment reprise au film de Robert Aldrich, *En quatrième vitesse* (1955) — du contenu de laquelle nous ne connaîtrons que les effets, la lumière dorée dont elle irradie le visage de ceux qui la contemplent et l'émerveillement suscité par cette contemplation. Jules et Vincent caquètent comme deux employés de bureau pendant la pause, passant en revue la différence des systèmes métriques entre l'Europe et les

États-Unis, le caractère érotique ou non du massage de pieds, les raisons pour lesquelles Marsellus a bien pu jeter Tony par la fenêtre, parce qu'ils sont pour toujours désœuvrés, que la pause sera éternelle. Dans ce monde qui est aussi le nôtre, même quand il se passe quelque chose, c'est comme s'il ne se passait rien: alors autant se raconter des histoires, celles qui se sont toujours déjà passées. Les histoires de « gangsters qui font des trucs de gangsters », nous les avons toutes vues.

Le monde tarantinien apparaît donc comme un monde en suspens. *Reservoir Dogs*, qui s'ouvre avec un conflit interprétatif impossible à trancher (« Like a Virgin » de Madonna: histoire d'une fille qui baise avec un type qui a une très grosse bite, « *a regular fuck machine* », ou d'une fille qui redécouvre l'amour ?), s'achève sur une incertitude: on ne saura jamais si Mr. White a tué Freddie/Mr. Orange, ou s'il a été tué par la police, ou si l'une et l'autre choses se sont produites. Mais tout en prenant l'incertitude pour objet, ce film s'arrête en chemin pour offrir au moins la certitude que le personnage de Tim Roth était un flic infiltré. De là, sans doute, le sentiment d'un exercice un peu gratuit dont les idées les plus solides ne sont qu'à demi exploitées. Indiquant dès son titre sa nature métafictionnelle, *Pulp Fiction* porte au contraire le suspens interprétatif à son intensité maximale et fait de sa forme un instrument de désorientation que des visionnages répétés ne suffisent pas à éliminer, en désarticulant la structure narrative au point de vider de sens les notions de passé, de présent et de futur. Il ne servirait à rien de chercher à reconstruire une linéarité temporelle, car ce qui est souligné — puisque nous avons affaire à des personnages-images et à des images toujours déjà là — c'est une annulation des rapports de causalité, de consécution, d'antériorité et de postérité, et leur remplacement par la compossibilité et la contingence de toutes les actions présentées au cours des deux heures trente que dure le film. Pour prendre un seul exemple marquant, Vincent meurt *et* ne meurt pas. On le retrouve à la fin du film non pas parce que, diégétiquement, la scène se passe avant sa mort, mais parce que ces deux scènes, que l'on doit d'abord croire placées à des moments distincts sur une ligne temporelle, correspondent à deux mondes dotés d'un égal degré de réalité.

De la même façon, la scène du braquage du restaurant se dédouble. À la fin du prégénérique, Yolanda/Honey Bunny hurle « *Any of you fukin' pricks move, and I'll execute every motherfuckin' last one of you*», alors que dans la dernière séquence, qui semble pourtant reprendre le même plan, elle conclut par ces mots: «*... and I'll execute every one of you motherfuckers.*» Dédoublement dans le dédoublement: Tarantino n'a pas seulement changé de point de vue entre le début et la fin, et la différence ne réside pas uniquement dans le fait qu'au départ, nous ignorions la présence de Jules et Vincent pour la découvrir au bout du film et, partant, comprendre la raison d'être de cette scène d'ouverture. La véritable différence, signalée par l'utilisation de deux prises distinctes, est plutôt que Vincent et Jules étaient *réellement* absents dans la séquence du début, et qu'ils se trouvent finalement actualisés dans le second monde. Il en va de même pour l'autre scène dédoublée, celle de la grande tirade extraite d'Ézéchiel. Ce qui laisse entendre que ces scènes, comme toutes celles que nous avons pu voir, auraient pu se développer dans de tout autres directions, avec d'autres personnages, dans des décors différents.

La facilité voudrait que l'on en conclue à une affirmation des possibilités offertes à la fiction, et encore à une mise en abyme du cinéma. Il y a certes de cela, mais pour peu que l'on prenne la fiction au sérieux, comme étant à chaque fois une proposition de monde ou une construction de notre monde, on peut en tirer des conséquences peut-être plus inquiétantes, et auxquelles Tarantino — celui qu'on croyait qu'il était — ne nous avait pas habitués. Cette logique de l'arbitraire narratif, qui affiche ouvertement sa contingence et annule les histoires qu'il a produites, ne renvoie pas tant à la souveraineté du geste créateur qu'à une réalité objective: a disparu ce qu'on appelait le monde, qui a cédé la place à une infinité de mondes à tout moment compossibles; et, du même coup, l'idée que le langage puisse se fonder dans un référent commun, reconnu de tous et extérieur à lui. Par conséquent, paroles et interprétations prolifèrent, qui, loin de se compléter, de se nuancer, de se contredire, de s'opposer, de se bousculer mutuellement, se placent en concurrence les unes par rapport aux autres, coexistant sans jamais se toucher, comme des petites caméras et un vieux magnétophone, comme un parapluie et une machine à coudre *moins* la table de dissection. Dans ce monde sans monde, on peut affirmer à la fois que l'on a échappé à des balles meurtrières par quelque «*freaky occurrence*» (Vincent) et par une intervention divine (Jules), car (c'est la torsion tarantinienne de la discussion de *Ma nuit chez Maud*

[Éric Rohmer, 1969] autour du pari de Pascal) ces propositions ne se situent pas dans le même monde. Il n'y aura pas de communauté dans le langage.

Mais n'oublions pas que l'incertain ne saurait se permettre le luxe de l'optimisme ni le réconfort du pessimisme, et qu'il est voué à osciller entre le « à quoi bon » et le « on ne sait jamais ». Alors, puisque l'on peut attendre longtemps l'événement qui fera advenir du nouveau, réunira le monde et produira la communauté, autant essayer. Essayer, dans le misérable tas d'images-marchandises qui est notre environnement et notre substance. Essayer, c'est-à-dire recommencer, « *like a virgin* », comme si c'était la première fois. Recommencer. Même si ça fait mal. Recommencer. Avec Tarantino.

DE LA **DISTRAC-TION**

par Pascal BONITZER

Paru dans le numéro 13 de *Trafic* (hiver 1995), « De la distraction » a véritablement fondé la possibilité d'un discours critique sérieux sur le cinéma de Quentin Tarantino, alors presque unanimement considéré comme un « petit malin ». Nous remercions Pascal Bonitzer d'avoir autorisé sa republication, et d'avoir bien voulu y joindre un post-scriptum.

PULP FICTION

[1994]

« Écrire, c'est faire un bond hors du rang des meurtriers. »

Kafka

Pourquoi le cinéma, à le considérer comme un système dynamique (et on sait depuis Kolmogorov que la seconde loi de la thermodynamique est applicable à tout système dynamique), aurait-il échappé à l'entropie, c'est-à-dire à l'accroissement du désordre ? C'est cette croissance du désordre dans le système-cinéma dont notre génération et celles qui suivent ont vu l'accélération, et qui sans doute a donné lieu aux diverses gloses, dont le seul Godard s'est fait le Jérémie, le saint, le fou, le spécialiste inspiré et désolé, sur « la mort du cinéma ».

L'un des noms du désordre est l'audiovisuel, un autre est la violence.

On connaît la réponse, économiquement couronnée de succès, du cinéma hollywoodien à l'entropie de son système : pour aller vite, surcroît de technologie, quant à la production (effets spéciaux avec l'apport décisif de la numérisation et des fractals), inflation de violence et simili-réalité de plus en plus irréelle, mais de plus en plus simili (grâce auxdits fractals et à ladite numérisation), quant aux effets. Politique exprimée diversement par les super-techniciens Cameron et Zemeckis, voire par le plus atypique Burton — Spielberg et Lucas ayant donné le coup d'envoi (et l'esprit) de cette stratégie. Il est clair qu'elle marche mondialement, qu'elle a donné un second souffle à l'industrie hollywoodienne, qu'elle attire. Pour combien de temps ?

Parmi les conséquences sensibles de cette stratégie, un accroissement fantastique des coûts, du pouvoir des techniciens de l'image, de la vulgarité et de l'imbécillité des contenus : mais une imbécillité extrêmement *successful* produite par une débauche d'intelligence et de compétence technique, et qui débouche logiquement sur l'invention, la promotion de néo-héros à la fois débiles et *successful* (Forrest Gump), sur le modèle, croit-on, de Capra mais c'est une erreur : car les héros de Capra n'étaient pas débiles, ils étaient naïfs, ce qui est tout à fait autre chose. Mr. Deeds, Mr. Smith, sont tout le contraire de crétins, comme ils le prouvent in extremis, ce sont des êtres doués non seulement de langage, mais d'un immense pouvoir d'éloquence. Les films de Capra sont des films sur la parole, sur l'éloquence, sur la transmission de la vérité, sur le pouvoir du mensonge, ce ne sont pas des films aphasiques cyniques sur des aphasiques sentimentaux.

Le cinéma américain récent, et celui ici qui l'imite (Besson), repose sur des débiles aphasiques surcompensés par des pouvoirs spéciaux, des hypercompétences qui non seulement ne passent pas par la parole, mais qui imposent silence. On ne cause pas quand on plonge en apnée, et quand on flingue, on ne parle pas davantage et en plus on fait taire: ce qui est tout bénef pour qui n'est pas doué pour le dialogue[01].

Forrest Gump court et Léon tire, on pourrait en faire une comptine. Il est clair, et c'est la clé du succès de ce cinéma, que les millions de jeunes analphabètes produits par nos sociétés se reconnaissent émotivement dans ces affligeantes et si l'on veut émouvantes figures, auprès de quoi la créature de Frankenstein prend des allures d'intellectuel de gauche.

Là-dessus survient Tarantino.

Une chose frappante, même si les personnages de Tarantino sont apparemment non moins stéréotypés, débiles, violents que les autres (et il prend souvent les mêmes acteurs, enfin il prend Bruce Willis au moins), une chose intéressante et nouvelle dans le paysage américain — et c'est la marque, la frappe, l'effet d'annonce du style Tarantino —, une chose revendiquée hautement et longuement développée par lui avec une jubilation parfaitement communicative, c'est que ces personnages *parlent*. Ce sont des êtres parlants, des parlêtres.

La belle affaire? Il me semble au contraire que l'on devrait souligner aujourd'hui d'un trait fort, et diviser nettement, le cinéma qui parle et celui qui ne parle pas: je veux dire de ce cinéma qui repose soit sur l'image, soit sur cette récente forme du misérabilisme qu'on pourrait appeler le débilisme, soit sur

01 — Ce qui fait de *Nikita* le plus intéressant des films de Besson, c'est son côté *Enfant sauvage*: l'autiste meurtrière incarnée par Anne Parillaud y étant forcée d'apprendre à parler, à marcher, aimer, etc., ce qui l'amène à refuser la boucherie dont elle était supposée devenir l'un des instruments les plus performants. Si ça ne convainc pas, c'est que Besson ne croit pas à la parole, et trouve inutile de raconter une histoire; un acteur, une image, un programme lui suffisent. Son public d'ailleurs lui donne raison.

l'action-spectacle et les gadgets qui la dopent[02].

Le cinéma de Tarantino parle, se développe dans un espace de langage, ou plutôt : développe un espace de langage. Or cet espace est d'une nature entièrement différente de l'espace de l'action, ou de l'image.

Non seulement les protagonistes de *Pulp Fiction* parlent, mais ils raisonnent, ils raisonnent inlassablement, ils pensent, ils ne cessent de penser douloureusement, de discuter et d'argumenter de façon apparemment futile, frivole, dérisoire, mais le langage ainsi les saisit et les amène à des conséquences : ainsi le tueur Jules (Sam L. Jackson), à force de répéter, en tuant, un verset du livre d'Ezechiel, finit par se pénétrer de son sens (il y faut certes un miracle), et la énième itération du même verset d'Ezechiel se soldera, si l'on peut dire, par un *non-meurtre* doté d'une valeur inaugurale, d'ouverture sur la vie.

Peut-on filmer un non-meurtre ? Question à la Raoul Ruiz. Oui mais c'est moins simple que de filmer un meurtre, fût-il le plus baroque. Filmer un meurtre n'exige pas a priori de pénétrer dans un espace mental. Filmer un non-meurtre, oui.

Les scénarios de Tarantino ne sont pas des scénarios d'action, mais des scénarios de palabres. Il ne s'agit pas de pur bavardage, de bouillie verbale ou de mots d'esprit en rafale, dans le style *trash* d'aujourd'hui. L'action, les violences, scandent une sorte d'interrogation et d'étonnement sur les incertitudes et les surprises du monde. Le monde où évoluent les personnages est un monde moral, un monde mental.

Pulp Fiction n'est nullement, comme on l'a beaucoup dit, un exercice virtuose, formel, gratuit, qu'il faudrait comme tel traiter par le mépris. La forme narrative non linéaire est très intéressante, mais pas seulement pour des raisons formelles.

L'histoire forme une boucle qui ne revient pas exactement sur elle-même, qui fonctionne comme une surface topologique, par exemple une bande de Mœbius.

Le temps du film est l'objet d'un double traitement bien connu des mathématiques du chaos : étirement et repliement.

02 — Dans le cinéma hollywoodien récent on aura noté, parmi les tentatives pour sortir de la vulgarité dominante, chez Clint Eastwood un net clivage entre les films d'action conventionnels qu'il produit, joue et réalise parfois et ceux qui se fondent sur le langage, comme *Bird* ou *Unforgiven*. Ce sont des produits d'une tout autre nature. Ou encore, chez Cronenberg, l'évolution d'un cinéma en principe fondé sur les effets spéciaux (même *cheap*) vers un fantastique « intériorisé », tendanciellement épuré du spectacle.

Les scènes sont distendues, élongées par le verbiage des protagonistes jusqu'à un point presque intolérable, qui repose sur un usage méta-classique d'un principe élémentaire du suspense, à savoir que si l'on a vu un personnage armer un revolver (ou si l'on sait qu'il doit tuer quelqu'un), tout ce qu'il va faire et dire d'anodin ou de frivole sera comme chargé par ce revolver et par l'attente du moment où, justement, il va le décharger. Le revolver au cinéma concentre du temps, au même titre qu'une montre, lorsqu'elle est branchée sur la bombe à retardement.

Ce qui ailleurs n'est peut-être qu'un vulgaire procédé, un truc, entraîne ici tout le film. Le revolver n'est pas l'alibi de la logorrhée, ni la logorrhée l'alibi du revolver, les deux ensemble forment système. Comme la montre que Christopher Walken transmet à Butch enfant au terme d'un interminable et génial discours, le revolver est branché sur des flux de parole, la machine à tuer enclenche la machine à parler, la machine à parler reliée à la machine à tuer déroule du temps, trafique du temps, et ce trafic est la création propre de Tarantino.

Le mariage baroque des tueurs débiles du cinéma néo-hollywoodien et de la ratiocination en roue libre n'est pas une nouveauté en soi (*À bout de souffle*, *Bande à part*, *Pierrot le Fou*, en ont fondé le principe), et peut facilement être considéré comme un procédé comique putassier, putasserie qui n'a jamais été tout à fait absente non plus du cinéma de Godard. Mais à ne le considérer que comme un procédé comique putassier, on manque à mon avis la dimension sérieuse qui fait la consistance du film, qui en définit le style.

C'est sans doute Hal Hartley, dans le cinéma américain récent, en se référant ouvertement (comme après lui Tarantino) à Godard, moins ouvertement à Cassavetes, qui a opéré le premier ce collage du meurtre et de la parole libre d'où procède le nouveau style. La différence entre Hartley et Tarantino est celle entre la côte est et la côte ouest; intellectualisme revendiqué ici, exhibition pop de la culture *fast-food* là. Kierkegaard et Sartre d'un côté, Mamie Van Doren et McDonald's de l'autre. Il en résulte que le second évidemment se vend mieux, se popularise mieux. Moins intellectualiste, Tarantino n'est cependant pas moins «intellectuel» que Hartley[03].

03 — On a souvent dit que Godard piégeait ses admirateurs, et conclu vite que sa modernité resterait inféconde. Il est amusant que ce soit deux Américains, Hartley et Tarantino, qui démontrent le contraire.

La discussion théologique, par exemple, dans *Pulp Fiction*, sur la question de savoir si le massage de pieds doit ou non être considéré comme une pratique sexuelle («Le massage de pieds et le bouffage de chatte, c'est pas la même religion»), s'il repose sur un comique qu'on peut considérer comme facile, développe surtout la dimension d'incertitude, le principe d'incertitude sur quoi s'enlève tout le film: est-ce que le massage de pieds est un truc sexuel, est-ce que la défenestration de Tony est due à ce massage, est-ce que Tony a bien massé les pieds de la femme de Marsellus, qui est Tony? Que s'est-il réellement passé entre Tony et Marsellus? Comment Vincent devra-t-il se comporter, en fonction de toutes ces incertitudes, avec la femme de Marsellus qu'il est chargé d'escorter? Etc. Les questions prolifèrent en deçà et au-delà de l'action.

Le temps du film n'est donc pas celui de l'action (vont-ils ou non s'en sortir, toucher au but, prendre le fric, tuer la Chose?) mais celui de la discussion: un temps libre, en droit interminable, puisque toute discussion est en droit interminable. Cela implique une distribution tout à fait exotique des événements par rapport aux canons du scénario américain classique, celui qui répond en gros au schéma de Syd Field (*plot point 1, development, plot point 2, resolution,* etc.). Et c'est pourquoi la durée globale du film est supérieure à la durée classique (en principe, Hollywood n'autorise la longue durée que pour les films à grand spectacle, à caractère épique ou légendaire).

Le langage bref et brutal des revolvers ici n'a pas seulement pour fonction de combler l'attente anxieuse du suspense, mais aussi de mettre fin arbitrairement à cette durée en droit infinie de la discussion, d'introduire des scansions, des césures où la jouissance du bla-bla-bla menace de déborder et d'étirer *trop* la séquence, où l'overdose de langage et de durée menace. De même l'overdose de drogue qui fait basculer l'aventure de Vincent Vega avec la femme de Marsellus peut passer pour une contre-effectuation de cette tangentielle overdose de langage.

Tarantino joue remarquablement du suspense, mais d'une façon non classique.

L'opérateur du suspense, c'est ici la distraction absurde. Le suspense repose classiquement, on le sait, à la fois sur l'ignorance des protagonistes et le savoir des spectateurs: ils ignorent mais nous savons que la bombe va exploser. C'est ce qu'on pourrait appeler la loi d'Hitchcock. Dans *Pulp Fiction* le suspense repose sur la faculté d'égarement, de distraction des personnages dans une situation de danger qu'ils connaissent, mais qu'ils oublient. C'est une variante comique. Mais c'est aussi une variante intellectuelle, moderniste. On l'appellera la loi de Tarantino.

Le suspense hitchcockien se fonde sur l'ignorance des protagonistes, le suspense tarantinien sur leur distraction.

Par exemple les tueurs sont en route pour tuer. On ne sait pas qui ils vont tuer mais il est vraisemblable qu'ils vont tuer. Nous ne savons pas, eux savent. En chemin, ils parlent. Ce qu'ils disent n'a aucun rapport avec ce qu'ils vont faire, or ils sont de plus en plus absorbés, captivés par l'objet de leur discussion cependant qu'ils approchent de plus en plus de l'objet de leur contrat. Nous ne savons toujours pas, mais eux, *est-ce qu'ils ne sont pas en train d'oublier* ce qu'ils ont à faire ? À quel moment vont-ils se remettre dans l'état d'esprit qui les rend fonctionnels pour le contrat en question (comme dans un polar classique), se rappeler à leur fonction de tueurs, c'est-à-dire leur fonction narrative, ou bien, par un passage à la limite, vont-ils l'oublier totalement, et alors, mon Dieu, que va-t-il se passer ? Le film ne cesse de jouer ainsi avec le public, s'amusant à susciter le vertige et maintenant constamment le suspense au bord du vide. La mort plane et ils n'arrêtent pas de parler, d'oublier en parlant jusqu'au vertige.

Ou encore, à distrait, distrait et demi : Butch revient chez lui récupérer sa montre alors qu'il sait que des tueurs l'y attendent peut-être. Il la récupère, mais au lieu de s'enfuir aussitôt il décide de se faire un café. Cet attardement aberrant, dans une situation de danger immédiat, crée l'angoisse. Dans la cuisine, Butch trouve un pistolet-mitrailleur équipé d'un silencieux, puis il entend qu'on tire la chasse d'eau dans les toilettes. Le tueur était bien là, seulement il se trouve qu'il était encore plus distrait, encore plus inconscient que sa victime. Lui aussi s'était « attardé » en lisant *Modesty Blaise*.

On est hors du pragmatisme habituel (un coup de poing bien placé vaut mieux que mille discours pour résoudre une situation) pour se retrouver dans un tout autre espace, l'espace de la pensée errante, dans un tout autre temps, celui de l'attardement rêveur. Le suspense naît de la procrastination.

On pourrait en donner la formule complète, de façon quasi mathématique. Le suspense, c'est le produit de la procrastination des personnages (voués à l'action) par l'impatience des spectateurs (voués à l'inaction), en fonction d'une alternative cruciale dont le paradigme est vie/mort, mais qui peut recevoir divers contenus.

Ce qui revient à dire que plus les personnages tendent à se comporter comme des spectateurs, c'est-à-dire à se détourner de l'action, plus il y a de suspense.

C'est pourquoi les personnages de Tarantino, comme ceux d'Hitchcock, sont foncièrement des contemplatifs.

Cependant, ce caractère contemplatif prend chez Tarantino un tour burlesque, du fait qu'il est appliqué à des personnages théoriquement décérébrés et suractifs (tueurs, gangsters, boxeur).

Un tueur qui rêve est par définition un paradoxe. Un tueur qui parle est déjà engagé dans un univers ou parallèle ou divergent de celui de l'action pure ; c'est un schizophrène, et les schizophrènes, on le sait, explorent des dimensions transversales. Les personnages de Tarantino sont des schizophrènes.

On ressent un décalage comique entre les discussions de ces tueurs et leurs actes, entre leurs préoccupations puériles et leur fonction terrifiante. Ce décalage en soi n'est pas nouveau. Ce qui l'est, c'est le rôle du langage.

On aurait tord de penser qu'il y a là un effet analogue à ceux qui ont fait le succès des *Affranchis* de Scorsese, soit le quotidien trivial, les soucis culinaires dérisoires des gangsters de la mafia. Scorsese se contentait de montrer, de « dénoncer » de façon ambiguë, tout en avouant sa fascination, la bêtise, la vulgarité, la trivialité des « vrais » criminels opposés « réalistement » à leur idéalisation par le cinéma hollywoodien en général. À l'opposé, *Pulp Fiction* n'est en aucune manière un film réaliste, mais le dialogue y est lesté d'une vertu non seulement comique — par l'effet répété du décalage entre l'horreur macabre et le ludique puéril — mais heuristique, herméneutique et morale.

Il s'agit d'apprendre ce que les mots disent, ce qui revient exactement ici à cesser de tuer.

Jules, touché par le miracle, par la grâce, va aller de ville en ville et parler à ceux qu'il rencontre, pas exactement prêcher, comme le héros de *Et ce sont les violents qui l'emportent* (de Flannery O'Connor), plutôt comme le héros de *Kung Fu* (la série télévisée) ; c'est qu'il a rencontré l'Écriture et les tabous qui vont avec, c'est que le réel a mis soudain cette Écriture en lumière, en gloire. Il est loisible de prendre la fin de *Pulp Fiction* à la rigolade, comme le reste. Je crois au contraire qu'elle comporte un sérieux qui vient très logiquement du sérieux avec lequel Tarantino croit au dialogue — à la parole — dans son cinéma, ou si l'on préfère de la jubilation évidente de Tarantino à produire du dialogue, de la parole.

La parole ne peut pas mener à rien, elle débouche nécessairement sur une limite, un réel. Cette limite peut être le meurtre, comme dans la première partie de *Pulp Fiction*. Mais ce peut être aussi le contraire, comme dans la dernière partie, où cette limite, ce réel, c'est le tabou de tuer.

Jules déclare à la fin qu'il a répété des centaines de fois sa citation d'Ezechiel de façon vide, parce qu'il trouvait que « ça en jetait » de balancer cette citation au moment de tuer un mec, mais qu'à présent il en a compris le sens, qu'il sait qu'il fait partie de « la tyrannie des méchants » et qu'il a choisi d'en sortir. Je ne vois pas qu'il y ait là spécialement matière à rigolade, ni bruit insignifiant, ni dérision.

Ou plutôt, la dérision, réelle, n'épuise pas, n'annule pas cette leçon. Elle ne veut pas rien dire. Elle est aux antipodes de ce que fait Oliver Stone dans *Natural Born Killers*, un autre scénario de Tarantino, mais qu'il a refusé de signer, connaissant l'usage qui en était fait par Stone. Et ce refus marque bien la dimension éthique de la recherche de Tarantino, son souci du bien-dire.

Pulp Fiction n'est pas un film de violence cynique, comme on l'a dit ici ou là par confusion. Ni un film de violence sentimental, ce qui est presque pire, ni un film de violence à la fois cynique et sentimental, comme le *Léon* de Besson. Les héros de Tarantino ne sont pas sentimentaux ; ils ne sont pas davantage cyniques, ils ne font pas un usage cynique de la parole, ils sont seulement inconscients ; ils ne sont pas ironiques, ils ne font pas un usage ironique de la parole, ils ont seulement du mal à comprendre, approcher, s'approprier la Loi qu'elle exprime, car à la différence des onomatopées habituelles, la parole ici véhicule une loi.

Mais quelle ? Une question muette dans l'œil des personnages est souvent : *qu'est-ce qu'il me veut ?* Qu'est-ce qu'il me veut avec son discours ? Tel le jeune Butch devant l'officier (Christopher Walken) venu lui faire don solennellement de la montre paternelle, avec l'histoire patriotico-anale de cette montre.

La montre-dans-le-cul-du-père, c'est l'objet de la Loi, le visage impossible, obscène et bouffon du McGuffin.

C'est un avatar cinématographique de l'anamorphose macabre, la montre molle du *memento mori*.

Il faut de l'assurance pour exhiber ainsi l'objet du film, et qui donne le sens à la fois de sa dérision et de son sérieux.

L'aventure de Butch (Bruce Willis) n'est sans doute pas ce qu'il y a de mieux dans le film, la virtuosité narrative y fait plus que flirter avec la complaisance, l'usage du poncif sado-masochiste fait montre de trop d'astuce et révèle en outre quelque chose de peu sympathique chez l'auteur. Il n'empêche, cette aventure illustre le sens de la distraction des personnages : c'est une distraction métaphysique, une distraction par rapport à une loi obscure, cachée, qui ne peut se révéler qu'à la faveur d'un éclair.

L'histoire de la montre que Butch doit absolument récupérer au risque de la vie renvoie au traitement du temps narratif dans le film. Il faut qu'il revienne an arrière, coûte que coûte, et le film aussi doit revenir en arrière.

Le temps narratif fait une boucle, se replie sur lui-même. Butch tue Vincent Vega (John Travolta) au milieu du film, mais *sans retour en arrière* on se retrouve souvent *avant*, avec un Vincent Vega vivant, un peu plus tard. On est revenu avant mais ce n'est pas un flash-back.

On se retrouve au point où le film a commencé, au troisième tiers de son parcours, sans qu'on ait vu venir le coup, en partant du point de vue d'un personnage nouveau. On a parlé de film à sketches, cela n'a évidemment rien à voir. Simplement les épisodes discontinus de la première partie étaient en fait les morceaux d'un puzzle, faisaient partie d'une continuité que nous n'apercevons que dans la dernière partie.

C'est la première fois, me semble-t-il, que je vois un film où le temps rebrousse ainsi sans qu'on puisse parler de flash-back, et sans que la construction temporelle ne dévore l'ensemble de la fiction par un formalisme et exhibitionnisme lassant, comme dans les films de Robbe-Grillet et certains de ceux de Resnais, ou par volonté démonstrative affichée, comme dans *Le Hasard* de Kieslowski.

L'opérateur de ce rebroussement, de ce repliement, est la liberté que se donne Tarantino d'ajouter un personnage de plus, un point de vue de plus, à une scène dont on n'a vu, on s'en rend compte a posteriori, qu'une partie.

Le récit procède par décrochements brusques, par bifurcations soudaines, un personnage nouveau dans un décor nouveau apparaît sans qu'on sache comment le raccrocher au flux principal du récit jusqu'à ce que la connexion nous soit donnée (ainsi Christopher Walken délivrant son speech à un petit garçon qui s'avère après coup être Butch enfant, s'inscrit dans un cauchemar récurrent de celui-ci devenu adulte et boxeur).

Le flux continu d'une longue séquence s'interrompt brusquement, tout disparaît dans une faille de l'espace-temps tandis qu'une nouvelle nappe se développe et s'étend jusqu'à ce que le lien logique, temporel ou spatial avec ce qui précède se révèle. Mais dans ce passez muscade la chronologie sans crier gare a été bouleversée, subvertie, délinéarisée. Ce qui était avant peut avoir eu lieu après ce qui venait après. On peut parler de formalisme, mais ce jeu n'est pas gratuit, ce n'est pas un pur jeu de construction spatio-temporel comme dans les films de Robbe-Grillet précités. Le rebroussement du temps ici recèle un sens, a un sens.

Il est toujours possible que dans une pièce voisine, hors champ, quelqu'un se trouve caché avec un revolver. Si les tueurs du film agissaient classiquement, sans doute iraient-ils explorer la pièce à côté. Mais on a vu que leurs attributs sont la distraction, l'obsession, l'attardement, l'égarement. L'espace du film est semblable à un appartement inconnu, on ne sait pas combien de pièces il a, certaines de ses portes ne s'ouvrent pas et ne s'ouvriront pas, Tarantino s'amuse, au fil du récit, à distribuer les mystères, les inconnues : la mallette à l'intérieur lumineux (hommage *à Kiss Me Deadly* et à son Great Whatsit) dont on ne verra jamais le contenu fabuleux, la défenestration de Tony par Marsellus, dont on ne connaîtra jamais le motif, le « Taré » encagoulé dont on ne verra jamais le visage, évocations diverses, diversement risibles et inquiétantes à la fois, de la « chose en soi » qui hante le film.

Dans une pièce voisine quelque chose ou quelqu'un peut se trouver caché : cela revient ici à dire qu'on peut toujours ajouter un axiome à un théorème. Il manquait quelque chose à la scène que nous avions vue au début du film, nous ne le savions pas, et voici : ce sera la maladresse du personnage caché, où Jules verra le miracle. Dieu était hors champ.

Maladroits ou distraits, distraits et maladroits, terrifiants gaffeurs (« Ooops ! J'ai flingué Marvin ! »), tels sont les personnages de Tarantino. Maladresses, distractions et gaffes ne sont pas ici les classiques attributs parodiques des gangsters (voire des policiers : Clouseau) dans les parodies de thrillers, où la froide et inhumaine compétence attribuée conventionnellement aux braqueurs, aux tueurs (ou aux flics), cède à l'humaine, rassurante, universelle gourderie (cf. *Le Pigeon* ou, de façon plus théoricienne, *Unfaithfully Yours* de Preston Sturges, ou comment rater son crime parfait). Cette maladresse, cette distraction ne sont pas rassurantes, elles sont sinistres, elles relèvent de l'humour macabre.

C'est encore à Hitchcock qu'il revient d'avoir ouvert cette voie, en montrant, dans *The Torn Curtain*, un meurtre d'autant plus atroce que maladroit[04]. Les frères Coen dans *Blood Simple* en ont plus tard explicitement repris le principe, en accentuant l'humour noir.

Tarantino le pousse jusqu'à la farce horrible. Vincent Vega explose la tête de Marvin par étourderie, il n'est pas sûr d'enfoncer correctement l'aiguille de la seringue d'adrénaline qui sauvera peut-être la femme de son boss de l'overdose, il oublie son arme dans la cuisine en allant ch…[05], ce qui lui sera fatal, etc. L'ensemble du film patauge dans un cloaque sanglant et bouffon qui est bien un portrait de l'Amérique, et du monde : ce n'est pas le chaos originel, c'est le désordre actuel du monde. Qu'est-ce qui peut sauver, rédimer ce désordre ? Un miracle.

Le miracle naît du désordre et le coupe, l'interrompt. C'est un concentré de néguentropie. Et c'est pourquoi le temps narratif de *Pulp Fiction* s'incurve et se replie en boucle. La boucle découple les tueurs, le duo Jules-Vincent. Vincent n'a pas vu le miracle, autrement dit le sens de l'événement ne lui est pas parvenu. Ce que dit Jules est pour lui élucubration, l'avenir de son partenaire lui paraît désormais celui d'un clodo (*bum*). Ainsi mourra-t-il — il est déjà mort — de façon stupide, insignifiante. Il reste dans le passé, le *bum* c'est lui. Le geste de Jules ouvre au contraire un avenir, parce que les mots se sont pour lui lestés d'un poids, d'une valeur.

Je force peut-être dans le sens du sérieux ce qui, dans le film, ne l'est pas tout à fait, le sérieux émanant sans doute toujours,

04 — La maladresse, comme la distraction, la procrastination, est une variante de l'impuissance à l'action, elle s'inscrit de plein droit dans la formule du suspense proposée plus haut.

05 — J'avais d'abord écrit « pisser » mais une personne très perspicace m'a indiqué mon erreur. La différence n'est pas futile, elle est capitale, car elle renvoie au *principe d'attardement*, à la loi de Tarantino : il faut plus de temps pour chier que pour pisser, et les deux fois où cela lui arrive Vincent prend plus de temps encore en lisant, cinéphiliquement, *Modesty Blaise*. Or chaque fois, il y va de la vie et de la mort, la sienne et celle d'un autre.

pour Tarantino, du cul du père. Mais rien ne peut faire que la découverte du sens du verset d'Ezechiel ne vaille pas un non à l'indifférence.

L'essence de la distraction, c'est l'indifférence. Dans le chaos du monde, dans l'*anus mundi*, il importe peu d'être vivant ou non, de parler ou de tuer. Ces tueurs sont distraits parce qu'ils sont indifférents, ils pataugent dans l'indifférence cruelle du monde, ils en sont l'expression concentrée. Le miracle signifié à Jules a le sens de cesser d'être distrait, de comprendre qu'il était dans le camp de « la tyrannie des méchants », d'aller maintenant de ville en ville et de rencontrer les gens.

Pulp Fiction n'est pas un film distrait et indifférent et il va à la rencontre des gens.

POST-SCRIPTUM

Je craignais de relire ce texte vieux de dix-sept ans; je me souvenais principalement de la comparaison hasardeuse avec le cinéma de Hal Hartley, éphémère valeur du cinéma indépendant new-yorkais, dont un ou deux films (surtout *Trust Me*) doivent encore se laisser voir mais n'ont vraiment que très peu de rapport avec ceux de Tarantino, sinon négativement par leur insolente distance avec le formatage hollywoodien; la référence à Godard que je croyais devoir indiquer pour l'un et l'autre me paraît fragile et superficielle. La différence la plus manifeste, au-delà de celle concernant l'inspiration et le souffle, est bien entendu que Tarantino entendait conquérir Hollywood et le public américain (et mondial) là où Hartley se contentait d'une posture *arty* louchant principalement vers l'Europe.
Mais, nonobstant la cuistrerie sur laquelle s'ouvre le texte — et qui me rappelle qu'à l'époque je me gavais de littérature de vulgarisation sur la physique quantique, espérant vaguement et vainement y comprendre quelque chose — je suis surpris, à la relecture, de trouver qu'il se tient à peu près.
Dans le même numéro (13) de *Trafic*, un beau texte de Jean-Claude Biette (« Rhétorique du piège ») me rappelle aussi la résistance que ma dilection affirmée pour ce cinéma inextricablement subtil et grossier a pu susciter à l'époque dans la rédaction de la revue. Jean-Claude tentait de me faire honte en résumant brillamment non l'intrigue mais l'enjeu éthico-esthétique de *Pulp Fiction* pour en montrer la vanité, puis enchaînait brutalement, sur le mode implicite, « parlons maintenant de choses sérieuses », avec une glose sur « le plus beau film du monde », à savoir *L'Aurore* de Murnau. Évidemment, de Tarantino à Murnau il y a un monde, et ce monde ne plaide pas pour celui de Tarantino... Mais l'arbitraire, voire l'absurdité de la comparaison soulignait le point de résistance.
La résistance que suscite le cinéma de Tarantino est celle, immémoriale, que provoque le *carnavalesque*, inversion bouffonne des valeurs, destitution des principes élevés, affirmation des pulsions basses.
C'est l'effondrement catastrophique des valeurs élevées que révèle le cinéma de Tarantino, un cinéma qui décrit un monde sans loi où règnent trahison, cupidité, férocité et violence aveugle, mais monde comique aussi où les héros ne cessent de prendre pelles et râteaux, où Diane Krüger porte un plâtre à haut talon et où Brad Pitt, déguisé en militaire italien, sait à peine articuler *buongiorno*. Le monde n'est

pas seulement mauvais, il est pire, mais il est horriblement drôle aussi. (C'est celui aussi de son complice et co-scénariste, que j'ai sans doute eu tort d'oublier de mentionner, Roger Avary, qui n'a pas pour rien adapté Bret Easton Ellis).

On tue, on se drogue et on torture *parce que c'est comme ça*. Et le public adore ça, surtout si on est capable, en plus, de trouver ça drôle. À propos du film sur le Christ de Mel Gibson, Tarantino a émis ce compliment: « C'est un magnifique film de torture.»

Mais ce qui compte et que je tenais à relever, c'est la torsion qu'il opère dans ce cinéma de genre et du genre le plus bas, le plus *trash*, en y injectant *du langage*.

Dans le cinéma dont il s'inspire, on tue mais au contraire on ne parle pas, ou fort mal. On ne doit surtout pas parler. Dans le cinéma d'action, les mots doivent intervenir le moins possible et les stars de ce cinéma sont de grands taiseux, pour ne pas dire de profonds aphasiques: à travers les rôles de Rambo et de Terminator par exemple, Stallone, Schwarzenegger, à côté de qui Tarzan et la créature de Frankenstein pourraient passer pour des professeurs d'université, se sont fait connaître aussi par l'extrême raréfaction de leur vocabulaire.

L'acte de Tarantino est d'introduire dans ce monde d'abrutis impitoyables des interrogations, des hésitations, des incertitudes, des controverses, autrement dit des mots. Que ces controverses et ces interrogations soient futiles, que la querelle théologique sur la question de savoir si le *foot massage* relève de la séduction érotique ou de la kinésithérapie rappelle celle concernant le sexe des anges, peu importe: le genre s'en trouve subverti.

Biette jugeait cette subversion insignifiante: quand le film, écrit-il, « suspend la gratuité des actions pour poser une vraie question et une question vraie: qui a droit de se prétendre juge ou frère et de nommer l'autre méchant?; et où soudain les personnages se mettent à exister par obligation pour le film de cesser de jouer avec nous s'il ne veut pas périr, à son tour, par la vanité dont il fait carburant (...), quand Tarantino détend son piège et lâche ses personnages dans une réalité vécue au présent; quand ils commencent à vivre, le film est déjà fini». Je ne crois pas, au contraire, que « soudain les personnages se mettent à exister» par panique de l'auteur d'avoir à mettre « soudain» du sens dans de la gratuité. Je crois que le film a sa logique propre et que la question finale est portée par l'ensemble du récit, des personnages, au-delà de la pure virtuosité narrative, qu'on a admirée à juste titre.

Il est vrai que les personnages de *Pulp Fiction*, comme ceux de *Reservoir Dogs*, sont en partie des pantins et des caricatures, des *hollow men* hantés par des interrogations dérisoires. Mais ces interrogations ont beau être dérisoires, elles révèlent le fait qu'ils habitent le langage, et ça change tout. Dès lors, ce ne sont plus des pantins mais des sujets, qui ont affaire à la vérité, à la vie et *last but not least*, à la différence sexuelle.
Car c'est aussi de cela qu'il s'agit dans ses films.
Kill Bill, *Jackie Brown* et *Death Proof*, en partie *Inglourious Basterds*, diffèrent des deux premiers films en ceci qu'ils narrent de façon apparemment plus classique un combat mortel entre bons et méchants : à ceci près que les héros, en l'occurrence, sont des héroïnes. Et en tant que telles, représentées plus fortes, plus rusées et plus lucides que leurs ennemis masculins (c'est le principe de *Jackie Brown* notamment, où l'héroïne déjoue tous les pièges tendus tant par les flics que par les truands, en utilisant les uns contre les autres).
La parole, dans ces films, est une arme qui peut être aussi mortelle que les revolvers, voire déclencher ceux-ci.
La scène la plus forte, un sommet d'humour noir, de *Jackie Brown* est celle où Bridget Fonda se moque cruellement de la nullité de De Niro jusqu'à ce que celui-ci, poussé à bout, l'avertisse : « Maintenant, tu ne dis plus un mot. » « OK », répond-elle bien à tort, et il la flingue aussitôt.
Il y a un féminisme de Tarantino, revendiqué et représenté de la façon la plus crue par *Death Proof* ; deux cascadeuses vengent le meurtre de quatre jeunes femmes par un cascadeur psychopathe sans savoir qu'elles les vengent. La partie la plus réjouissante du film tient cependant en de longs dialogues apparemment décousus, mais réalistes, où Tarantino fait parler les filles entre elles.
La parole, creuse ou pleine, mais toujours et partout rejaillissante, vivante, infatigable, est le centre de son cinéma et la marque de son indépendance, de sa liberté créatrice. Elle est ce qui structure la forme *longue* de ses scènes, de ses films, et dans tous les sens du mot elle est toujours spirituelle.
Gérard Wajcman a montré, dans un essai sur la série *Les Experts* (*Les Experts, la police des morts*, PUF), que l'épisode tourné par Tarantino (*Grave Danger*) subvertit toute la philosophie implicite, et parfois explicite, de la série, fondée sur l'efficience absolue de l'expertise et la dévaluation de la parole des humains au profit du langage des choses (les indices). L'épisode écrit et réalisé par Tarantino

fait au contraire mentir les indices, se tromper les experts et réinjecte ainsi dans la série, avec la tromperie, la parole et ainsi la vie — la vie tout simplement.
« L'idée directrice de la série *Les Experts* est... de montrer l'efficacité des méthodes scientifiques modernes en matière policière et tout le bénéfice qu'il y a à traiter le crime comme un fait purement matériel. Le scénario de Tarantino est construit, lui, sur les ratages et les dangers. Un personnage cherche à démontrer le danger que constitue l'attention exclusivement portée aux choses, qui implique un désintérêt voire une négation des personnes, passant en premier lieu par une dévaluation absolue de la parole. » (*op. cit.*).
Je lui laisse (à Gérard Wajcman) la conclusion : « Bien qu'on ne compte pas le nombre des morts dans ses films, il est éminemment un cinéaste de la parole et de la vie. Tous ses films d'action sont des jacuzzis de paroles bouillonnantes de garçons et de filles — souvent des garçons parlant des filles et des filles parlant des garçons, comme tout le monde. Par-delà la communication, la parole est chez Tarantino une jouissance. » (*op. cit.*). Et tant pis, a-t-on envie de ponctuer, pour les peine-à-jouir.

P. B.
novembre 2012

LA **DÉESSE** DE LA **FATIGUE**

par Hervé AUBRON

JACKIE BROWN

[1997]

Générique et première séquence de *Jackie Brown:* alanguie ou lasse, une hôtesse se laisse emporter par un tapis roulant. Elle déplace tout d'emblée, lentement. Il n'y a d'abord qu'un pan de mur, carrelé en une mosaïque qui ne dessine rien mais délimite juste de grands aplats colorés: on a juxtaposé une myriade de petites unités pour, bizarrement, ne pas faire dans le détail. Ce qui a été et demeure la méthode essentielle de Tarantino: il installe un maillage très serré, quadrille tout, mais ce n'est pas pour broder, mettre en œuvre un pointillisme épris de délicatesse et de nuances. C'est au contraire pour trancher dans le vif, tirer d'abruptes lignes de démarcation et de contraste. Soin méticuleux dans le détail, arlequinade ou échiquier au schématisme trompeur dans l'ensemble. Parfait contrôle aux deux échelles: j'ai la main sur chaque petit carreau, mais ce n'est sûrement pas pour vous bercer de douces nuances, c'est pour faire claquer, cogner. Un carnaval travaillé au microscope.

Jackie Brown, toutefois, s'apparente bien à un stage d'entraînement à la nuance. Peut-être Tarantino a-t-il perçu les réserves et allergies des spectateurs rétifs à sa verve cannibale; sans doute cherche-t-il surtout à élargir son champ d'action, sans pour autant renier sa manière première. Il ne s'agit pas, dans *Jackie Brown,* de se mettre au crochet ou à la mosaïque à l'ancienne, de juxtaposer des petites touches, et par exemple de décortiquer la psychologie de cette femme silencieuse sur un tapis roulant. La nuance va plutôt consister à y superposer une silhouette aussi nettement dessinée que les autres, mais comme découpée dans un calque qui brouille ou floute le papier millimétré à l'arrière.

D'emblée, oui, Jackie Brown est extrêmement dessinée, corsetée dans son tailleur d'hôtesse de l'air, droite comme un piquet, le profil très exactement à quatre-vingt-dix degrés, avançant comme en pilotage automatique. Précisément, *Reservoir Dogs* et *Pulp Fiction* avaient pu être assimilés à d'opportunistes machines célibataires: en 1997, Tarantino est encore souvent suspecté d'être seulement un «petit malin», dévoyant le maniérisme en pure démonstration de force. Il est énervant: trop doué et trop conscient de l'être, vraisemblablement porté sur les abus de pouvoir, pourquoi pas la cruauté. Jackie avance comme une figurine à dégommer dans une attraction de foire. Ah, vous voyez, Tarantino n'est décidément qu'un forain prêt à tous les effets: jeux de massacre où il s'agirait de casser des bonshommes en carton-pâte, manèges tournant en boucle, palais du rire où défilent les imageries, et bardés d'assourdissants mégaphones dans lesquels le patron se fait tour à tour disc-jockey (ses bandes originales gargantuesques) et bonimenteur (ses dialogues pléthoriques et fleuris). Sauf que, et c'est essentiel, Jackie ne parle pas, Jackie flotte dans ses pensées, qu'elle garde pour elle (et cela sera le cas pendant tout le film, sauf dans son avant-dernière séquence, quand elle vient embrasser son complice enamouré).

On va l'apprendre bientôt, elle est une passeuse: hôtesse de l'air travaillant pour une miteuse compagnie faisant la navette entre Los Angeles et Cabo au Mexique, elle arrondit ses fins de mois en convoyant clandestinement de l'argent pour le compte d'un trafiquant d'armes, Ordell (Samuel L. Jackson), qui a délocalisé ses fonds dans la ville mexicaine. Tarantino le sait-il? Elle va se révéler la meilleure passeuse de son cinéma, elle va réconcilier de nombreux spectateurs suspicieux, telle une hôtesse passant dans les travées et proposant avec un sourire absent un rafraîchissement.

Jackie apparaît d'abord comme une Barbie hôtesse de l'air, mais c'est une poupée *réservée* — en réserve et sur la réserve. Dans le carrelage javellisé de l'aéroport transparaît soudain une figure antique qui coexista peut-être avec des mosaïques dans une villa romaine: Gradiva, cette marcheuse pensive, représentée de profil sur un bas-relief rendu illustre en 1903 par la nouvelle de Wilhelm Jensen, analysée et réverbérée par Freud[01]. Le héros de Jensen, archéologue, tombait amoureux de cette silhouette absolument sibylline. Durant sa première apparition, Jackie elle-même est comme un bas-relief — c'est-à-dire, à la lettre, une figure se détachant à peine du mur sur lequel elle est sculptée. Nulle toge romaine, un tailleur cheap d'hôtesse de l'air, mais rayonne bien, et en profil, cette expression à la fois absente et concentrée de celle qui vaque, sans qu'on sache si sa tête est vide ou pleine, si ses pensées battent la campagne ou sont focalisées sur un but précis. C'était cela, entre autres, qui fascinait

01 — Sigmund Freud, *Le Délire et les rêves dans la* Gradiva *de W. Jensen*, précédé de *Gradiva. Fantaisie pompéienne*, de Wilhelm Jensen, rééd. Folio Essais, 1986.

le personnage de l'archéologue chez Jensen: cette posture dans le même temps indolente et décidée. Bien sûr, la grande différence entre la Romaine et l'Américaine est que la seconde ne marche pas: elle se laisse translater sur un tapis roulant d'aéroport, et cela n'en accuse que le paradoxe fondateur de Gradiva. Se laissant porter par le tapis roulant, sur lequel le travelling cale son rythme au point que seul le défilé du mur indique un déplacement, Jackie avance et fait du surplace, rêveuse et tournée vers un horizon inconnu.

D'autres figures, plus récentes, se superposent encore. C'est la citation explicite du *Lauréat* (*The Graduate*, Mike Nichols, 1967), qui s'ouvrait exactement de la même manière, avec le juvénile Dustin Hoffman transitant sur un tapis roulant d'aéroport, pris dans le *jet lag* environnant. Même agencement indécis: tout juste diplômé, le jeune homme est censé glisser vers sa voie propre, mais il sera instrumentalisé par le désir d'une autre (une amie de ses parents), sans qu'on sache s'il est abusé ou s'il y trouve son compte. Il y a encore une autre silhouette: la figure de Madeleine (Kim Novak) dans *Vertigo*, qui s'imprime d'abord en un parfait profil, essentiel dans la machination dont Scottie (James Stewart) est la victime. Il s'agit de le clouer dans une sidération incurable, précisément en reproduisant l'énigme de Gradiva: comme dans la nouvelle de Jensen, Scottie finira par voir Madeleine partout. Dans son profil inaugural (en quelque sorte son blason définitif), Madeleine a l'air distrait et concentré, comme Gradiva et Jackie, puisqu'elle doit simuler l'inexpressivité de qui est observé à son insu. Et comme elles, Madeleine est une paradoxale femme-objet: dans le même temps la maîtresse et l'esclave, l'idole impénétrable qui tient l'homme fasciné à sa merci et le joujou sexuel infiniment reproductible, toujours prêt à servir, à accueillir toutes les projections fantasmatiques: Judy, l'interprète ou la doublure de Madeleine, consentira à se plier à toutes les demandes de Scottie, directif avec celle devant qui il veut s'agenouiller, transi[02]. Telle est aussi Jackie: c'est bien sûr Pam Grier, idole revenante et monumentale pour Tarantino, mais qui accepte d'endosser un banal uniforme d'hôtesse de l'air,

02 — Ce en quoi, d'ailleurs, il est un parfait masochiste. La catégorie n'est pas étrangère à Tarantino. Au début de *Kill Bill*, ledit Bill la revendique face à Uma Thurman défigurée: «Tu me crois sadique? Je suis au comble du masochisme.»

et avec lui le sourire de circonstance de qui doit feindre l'amabilité et la disponibilité.

Jackie restera tout au long du film cet être infiniment insaisissable et inconnaissable, parvenant à ménager dans le même temps son désir propre et ceux des autres. De fait, le personnage sera doublement instrumentalisé et parviendra à transformer cet assujettissement au carré en victoire personnelle. Rappelons les données de son problème: le policier Ray Nicolette (Michael Keaton) cherche à coincer le trafiquant Ordell, à qui Jackie sert de « mule ». Il arrête d'abord un autre des passeurs d'Ordell, Beaumont, pour des motifs accessoires: craignant, à juste titre, que l'homme ne le balance, Ordell paie sa caution pour le liquider dans la foulée. Mais Beaumont a donné à la police le nom de Jackie, qui se fait elle-même arrêter au sortir de l'avion avec des liasses dans son sac. Les flics lui proposent d'effacer son ardoise si elle les aide à compromettre Ordell. Remise en liberté, Jackie parvient à convaincre son employeur insidieusement menaçant de faire un deal: elle l'aidera à rapatrier tout son magot au nez et à la barbe de la police, grâce à un jeu de bonneteau entre sacs dans une galerie commerciale. Sauf qu'elle compte doubler et la police, et Ordell: un troisième larron, Max Cherry (Robert Forster), l'agent commandité par Ordell pour payer la caution de Beaumont puis celle de Jackie, accepte d'être son complice pour récupérer le « bon » sac et mettre la main sur la fortune d'Ordell.

Le stratagème est complexe et risqué, et le spectateur a souvent un temps de retard sur les cogitations de Jackie. Elle est en effet d'abord coincée et débordée par les événements: ainsi qu'elle le raconte allusivement à Max, elle a connu bien des déconvenues (notamment judiciaires) dans son existence et s'inquiète d'avoir toujours l'impression de « recommencer à zéro » quand bien même elle avance en âge — comme si elle avait été en liberté conditionnelle toute sa vie. Elle estime que c'est sa dernière chance. Dès lors, l'imprévoyante planifie, sur le mode d'un dérapage contrôlé périlleux et prolongé, tant les failles paraissent nombreuses dans le plan qu'elle a échafaudé. Jusqu'au dénouement, on ne saura si elle est juste téméraire ou si elle a réellement toutes les cartes en main; si, sur le tapis roulant, elle se prépare à poser pour l'identité judiciaire ou si elle est tranquillement souveraine. Elle semblera simultanément subir et anticiper, jusque dans les dernières longueurs de son coup, dans lequel elle a précisément le génie d'intégrer une étourderie simulée. Elle trompera tout le monde en allant, en pleine opération, s'acheter un tailleur — prétexte à aller trafiquer en douce dans la cabine d'essayage. Prétendant qu'elle a été détroussée dans la cabine, elle sort du magasin en mimant, à l'attention des flics, la panique — qu'elle ne simulera pas, en revanche, au commissariat lorsqu'il s'agit de défendre son inexcusable étourderie : comment pourrait-on en effet justifier qu'on aille faire des emplettes alors même qu'on procède à une opération dangereuse, à laquelle sa vie est suspendue ? Elle parviendra pourtant à convaincre son officier traitant... Splendide écheveau de concentration et d'étourderie, de sang-froid et de panique, entre lesquels Jackie va et vient, et d'autant mieux qu'elle peut alternativement les simuler et les masquer : son bluff ne tient que parce qu'elle peut cacher ou imiter l'inattention *et* l'attention. C'est là tout l'enjeu : être contrôlée et contrôler, indistinctement. Autant dire que la manœuvre de Jackie ne concerne pas seulement son employeur Ordell et l'officier Nicolette, mais aussi Tarantino lui-même, qui s'expose à être débordé par un personnage. Ce profil à la fois décidé et passif, lévitant sur son tapis roulant, n'est pas seulement celui d'une femme, c'est aussi celui du film.

Générique. Une figurine glisse. D'emblée un sourire indéchiffrable — Pam Grier s'avérant tout au long du film une virtuose du rictus, de la commissure, de la lèvre mordue. La voilà d'ailleurs qui s'échappe : fin du tapis roulant, elle marche d'un pas volontaire dans l'aéroport (à moins que ce ne soit du chiqué, qu'elle soit déjà en train de mimer l'assurance insouciante comme à la fin du film). Tarantino se retrouve en quelque sorte dans la situation des flics qui assisteront effarés aux déambulations imprévues de Jackie dans la galerie commerciale. Il lui faut reprendre le contrôle. Cela tombe bien, nous sommes dans un aéroport, et voici en effet un poste de sécurité. À l'écran défilent (déjà la nostalgie du tapis roulant sur lequel la Gradiva Barbie se laissait gentiment porter) des bagages radiographiés. Tarantino peut souffler, reprend la main et se fend d'un plan de coupe sarcastique et graveleux : en gros plan, un détecteur de métaux balaie un thorax et s'attarde sur son pubis. Au-dessus de l'entre-jambes se déploie un T-shirt bigarré, dont les motifs se situent à mi-chemin entre le jeu des sept familles et le comics: des cartes ou des cases, peu importe, mais en tout cas un quadrillage, des boîtes dans lesquelles des figurines sont sagement rangées. On contrôle, on rigole. Mais on a oublié une chose: l'hôtesse de l'air n'a pas à se faire contrôler, elle passe tranquillement avec son badge. À nouveau, elle se faufile hors du champ, à nouveau elle déborde et elle est débordée, visiblement en retard: elle se met à cavaler, bataillant avec son uniforme, ses escarpins et son chignon. La caméra portée doit s'astreindre à cahoter — fini le travelling. Jackie déborde, et c'est justement pour reprendre le contrôle, devenir littéralement une contrôleuse: si elle courait, c'est qu'elle était en retard pour viser les billets en salle d'embarquement.

Le silence est d'or pour Jackie. Si elle apparaît d'abord de profil, c'est bien pour ne pas parler — sans quoi elle se ferait exécuter. Pour le coup, le sas de la première séquence est essentiel: *Jackie Brown* ne débutera pas sur une joute verbale — tels la table ronde inaugurale de *Reservoir Dogs* ou le symposium des deux tueurs, dans *Pulp Fiction*, sur le Royal Cheese et le massage plantaire. Bien sûr, Jackie est *obligée* de ne pas parler, mais on mesure vite combien cette réticence n'est pas seulement de circonstance.

Elle a d'abord visiblement appris à se méfier des babilleurs: elle sait que la parole n'est jamais désintéressée (tout au moins dans un film de Tarantino). Il s'agit au minimum de faire bonne figure ou d'intimider en répondant du tac au tac; il s'agit aussi bien souvent d'embobiner ou d'endormir quelqu'un. Juste après l'inaugural transit silencieux de Jackie, la brusque immixtion du volubile et flambard Ordell, vantant auprès de son copain Louis (Robert DeNiro) les qualités de sa marchandise, restaure un régime langagier qui s'avère essentiellement assassin: Jackie l'expérimentera vite lorsqu'Ordell vient chez elle la bonimenter, à peine est-elle sortie de prison, vraisemblablement dans l'idée de l'éliminer. Tarantino est devenu l'un des cinéastes contemporains les plus théoriques précisément parce qu'il sait rendre perceptible la brutalité fondamentale de la théorie dès lors qu'elle est formulée sur le mode de la discussion ou de la joute: il s'agit toujours, *in fine*, de manger l'autre, sous couvert de le «convaincre», et il n'est pas toujours certain que la polémique consiste à éviter la guerre dont elle est étymologiquement issue. Chez Tarantino, l'activité théorique ne représente nullement un moyen de contrer ou atténuer la violence, elle en participe — des tueurs herméneutes de *Pulp Fiction* au nazi polyglotte et lettré d'*Inglourious Basterds*.

Dès lors, le champ-contrechamp n'est jamais indifférent chez Tarantino, qui a indéniablement remis en jeu, réélectrisé cette figure si souvent flemmarde. Elle est chez lui toujours potentiellement dangereuse, sinon tueuse — que l'on pense aux échanges entre Stuntman Mike et ses futures proies dans *Boulevard de la mort* ou ceux impliquant le colonel SS Landa dans *Inglourious Basterds*, qui sont toujours, au bout du compte, des interrogatoires menant à une exécution, et d'autant plus s'ils s'apparentent à une conversation affable. En ce sens, la première image des deux volets de *Kill Bill* (la Mariée défigurée en gros plan) n'est jamais que l'horizon du champ-contrechamp : on reste sur un seul des champs, dévasté, et condamné à écouter la voix toute-puissante d'en face — la quête du personnage d'Uma Thurman pouvant être conçue comme une volonté de restaurer le champ-contrechamp afin de rejouer et refaire le film. Quoi qu'il en soit, Jackie semble bien être sur ses gardes quant à cette figure : quel meilleur moyen de l'éviter que le profil ? C'est bien sûr la première séquence, mais pas seulement : dans ses échanges avec le bienveillant complice Max, le champ-contrechamp au sens strict est contourné tant que faire se peut, notamment par le biais des profils alternés (durant leur petit déjeuner chez elle) ou d'une conversation côte à côte dans une voiture, dans le même champ du pare-brise.

Jackie est si avisée sur cette question qu'elle se préparera avec soin à l'ultime confrontation avec Ordell (le rendez-vous qu'elle lui a fixé dans le bureau de Max, en pleine nuit), durant cette si belle séquence de répétition ou de simulation d'un champ-contrechamp à venir : mimiques enjôleuses, amabilités mimées puis arme braquée, à répétition, sur une caméra qui n'est encore le point de vue de personne. Mais elle s'est si bien arrangée que le champ-contrechamp n'aura pas lieu. Ordell est descendu avant qu'il ne puisse dire grand-chose : le beau parleur, aussi désorienté soit-il, se croyait assez fort pour se sortir haut la main de l'échange. Ne demeure que le regard définitivement sidéré de son cadavre, astreint à ce contrechamp qu'il sous-estimait : nous voyons avec ses yeux morts le flic se pencher au-dessus de sa dépouille, tout comme on avait vu Ordell lui-même deviser avec Louis du point de vue d'un cadavre, depuis le coffre d'une voiture.

Ordell, décidément, n'avait pas la clairvoyance de Jackie. On l'a dit, elle se méfie par principe des bavards. Elle ne s'arrête probablement pas là : la parole est non seulement dangereuse pour celui à qui elle s'adresse (en tant que rideau de fumée ou diversion), mais elle l'est aussi pour celui qui en use. Les bonimenteurs peuvent eux-mêmes en faire les frais, à l'image d'Ordell. C'est ce qu'avait relevé avec justesse Pascal Bonitzer[03] : si en effet la parole est d'abord intéressée chez Tarantino, elle tend à toujours dépasser, déborder ceux qui en usent excessivement. Eux-mêmes s'y égarent, se laissent « distraire » : à proliférer, la parole finit par s'autonomiser, perdre de vue son objet premier et donc son efficacité. Le pur acteur (l'homme de main) devient dès lors, sans s'en rendre compte pur spectateur (contemplant ses propres digressions), tel le tueur incarné par Travolta, qui paie de sa vie le fait d'être resté bouquiner aux toilettes en attendant le boxeur qu'il était censé éliminer. Autrement dit : on peut en venir, même si on est un exécutant censément pragmatique, à totalement confondre la parole et l'action — et d'autant plus si le bavardage est pleinement intégré dans une stratégie opératoire, ce qui à la longue donne l'illusion que tout mot est performatif, a une répercussion concrète. On perd alors tout sens des proportions, on met sur un même plan le simple jeu et l'enjeu vital, l'excès d'exactitude myope débouchant sur une approximation fatale.

Jackie se méfie donc par expérience des bavards et du bavardage en tant que tel, mais elle est aussi, tout simplement, fatiguée de parler — à l'instar du tueur incarné par Samuel L. Jackson, dans *Pulp Fiction*, qui en a soudainement assez de toujours refaire son numéro de l'ange exterminateur, et du coup abandonne son métier d'assassin. Voilà ce qui relie Jackie et Max Cherry, avec son air las de cocker mesuré. Il est tout aussi peu loquace qu'elle : l'être fatigué a semble-t-il un rapport beaucoup plus tempéré à la parole. Il en est économe. Et sans doute

03 — « De la distraction », *Trafic* n° 13 — repris ici pages 18-35.

est-ce le socle de la connivence amoureuse entre eux : ils peuvent rester doucement silencieux dans une même voiture sans prononcer une seule parole.

Ils sont fatigués. Il n'est pas un secret que le vieillissement est la grande affaire des deux personnages, interprétés par deux anciennes vedettes sur le retour : ils l'abordent explicitement, dès leur première rencontre, et surtout la deuxième — le petit déjeuner improvisé chez Jackie, durant lequel ils parlent implants capillaires et culotte de cheval. Elle en a marre, elle veut changer de rythme, et elle est prête à endurer une ultime trépidation, si cela permet de calmer le jeu.

Immense don, immense luxe que cette fatigue, celle-là même dont rayonnait la Gradiva de Cabo Air sur son tapis roulant. Le contraste est flagrant comparé au marteau et à l'enclume entre lesquels Jackie est prise : Ordell, bien sûr, qui parle aussi vite que les filles mitrailleuses de sa vidéo promotionnelle, mais aussi l'officier Nicolette, toujours aux aguets comme un écureuil, les mots en flux tendu, ne s'accordant des pauses que pour mâchonner fébrilement son chewing-gum. La fatigue est loin d'être fréquente dans le cinéma de Tarantino. Bien sûr, il y a souvent des corps fourbus, mais ils sont épuisés, ce qui n'est pas la même chose, selon la fameuse distinction de Gilles Deleuze (« Le fatigué a seulement épuisé la réalisation, tandis que l'épuisé épuise tout le possible. »). On aurait ainsi pu associer aux taiseux Max et Jackie le mutique Louis, vieil ami d'Ordell visiblement émoussé par une longue période d'incarcération. Mais on mesure vite combien Louis a perdu toute vitalité, est définitivement appesanti, hébété, quand Jackie et Max sont continument portés par autre chose. Louis, incapable de toute initiative propre, lancera la rafale de morts idiotes et sèches de la fin du film, en abattant Melanie (Bridget Fonda), la petite amie d'Ordell, parce qu'elle le taquine. Il n'est pas simplement fatigué, il est épuisé, et n'est que l'envers symétrique de l'hyperactif Ordell, qui se croit ou se fantasme inépuisable. L'inépuisable : telle est la passion dominante chez les personnages tarantiniens — ils désirent l'être aussi bien sur le plan physique que langagier. Passion qui n'est que la plus sûre garantie, sinon l'autre nom, de l'épuisement. Dès qu'ils flanchent un instant, les intarissables exécuteurs et causeurs ne sont plus capables de rien du tout, sont susceptibles de verser directement du fantasme de toute puissance à l'inertie ou à la mort. C'est sans doute cette brûlante érotique de l'inépuisable qui leur fait perdre tout sens des échelles et des proportions.

Dès lors, *Jackie Brown* apparaît comme une sorte de danse, ou une négociation entre l'épuisement et la fatigue[04]. Le fatigué ne confond pas les contraires, mais oscille plutôt en permanence entre les deux. Et à l'évidence, le fatigué voit plus clair, plus juste : tel est, somme toute, le métier du cautionneur Max, qui évalue avant tout combien « vaut » tel ou tel acte, avec circonspection. Au tout début du film, Jackie flottait à la crête d'un entre-deux : à la fois batailleuse et instrumentalisée, actrice et spectatrice, concentrée et distraite, etc., mais aussi entre la routine et l'aventure, entre l'ennui et l'anxiété — ce n'est pas la plus mauvaise situation pour que quelque chose finisse par advenir, quand les « inépuisables » ont tendance à faire événement de tout. À quel moment, en effet, prend place le frontispice du tapis roulant ? Est-ce une journée comme une autre, une journée « d'avant » les péripéties qui constituent l'argument du film ? Ou bien Jackie a-t-elle déjà été appréhendée et est-elle en train d'élaborer intérieurement le stratagème final qui lui sauvera la vie (en lui permettant d'en changer) ? Est-ce le train-train, est-ce que Jackie est juste en retard, ou l'urgence de sa course est-elle plus essentielle, suscitée par l'idée d'Ordell et de la police à ses trousses ? Nous n'en saurons rien, c'est une séquence en effet générique : fond indécidable sur lequel s'inscrivent les noms du casting. La chanson qui accompagne Jackie, *Across 110th Street*, ne dit pas autre chose : la vie quotidienne sur la *street* agitée s'apparente chaque jour à une aventure, en vertu des mille dangers ou imprévus qui s'y cachent — et surtout si on est fatigué. Ce que creuseront les multiples décrochés temporels durant l'échange des sacs, tressant trois points de vue et temporalités : selon l'angle adopté, un simple essayage de tailleur peut être anodin ou fatidique.

La fatigue, quoi qu'il en est, est ici le seul régime qui permette un tant soit peu de douceur, d'abandon, d'affect. Le commun des

04 — Dans *Le Cinéma américain des années 70* (Cahiers du cinéma, 2006), Jean-Baptiste Thoret, mettant à profit la distinction de Deleuze, voit dans le cinéma des années 1970 une dialectique, une négociation ou un mouvement pendulaire entre le régime de l'épuisement (plutôt américain) et celui de la fatigue (plutôt européen). Cette décennie est bien sûr stratégique dans la cinéphilie de Tarantino, singulièrement dans *Jackie Brown* et dans *Boulevard de la mort*.

tarantiniens s'épuise dans une dépense d'énergie disproportionnée, se brûle et s'anesthésie, tandis qu'un sourd amour, qu'une sourde mélancolie aussi, naissent entre Jackie et Max, comme s'il fallait être fatigué pour encore ressentir quelque chose. Dans la nuit, alors qu'il attend une énième cliente devant la prison, Max voit approcher Gradiva, il la reconnaît, en tombera instantanément amoureux. Ils se font d'emblée confiance, ce qui est rarissime chez Tarantino, et même si cela tient surtout à des points de suspension, ils se livrent l'un à l'autre durant le petit déjeuner chez Jackie, en évoquant à mots couverts leur expérience du vieillissement. Le bavardage chez Tarantino consiste à théoriser dans l'absolu, jusqu'à plus soif, mais sûrement pas à parler de soi, ce qui est toujours un risque: Max lui-même, dans le cadre de son métier, reste sur ses gardes. Lorsque le diabolique Ordell, la première fois qu'il vient dans ses bureaux, détaille les photos accrochées aux murs et en conjecture d'emblée des hypothèses, Max n'enchaîne pas et revient sur le terrain strictement technique du droit: nous ne saurons rien de sa biographie, de son parcours antérieur — ce qui est le cas pour la grande majorité des personnages tarantiniens. C'est d'ailleurs l'une des essentielles coupes franches que le cinéaste opère dans *Punch créole*, le roman d'Elmore Leonard qu'adapte *Jackie Brown*[05]: le livre évoquait régulièrement les démêlés de Max avec son ancienne épouse, dont il ne parvient pas à divorcer. De même, chez Elmore Leonard, la complicité entre Jackie et Max aboutit vite à des étreintes, quand celles-ci n'adviendront pas dans *Jackie Brown*. L'aurez-vous remarqué? On ne fait jamais l'amour chez Tarantino — trop risqué, trop d'abandon «personnel»: *Jackie Brown* comporte de ce point de vue l'unique[06] rapport sexuel à ce jour dans le cinéma de Tarantino, entre l'essouflé Louis et l'agaçante copine d'Ordell. C'est à la lettre un coït, vite expédié et sans ivresse.

Max flanchera lui durant la dernière scène, confessera (ultime marque d'amour) qu'il est trop impressionné par Jackie: il ne se risquera pas à la suivre dans son équipée espagnole, préfère retourner au cocon de la fatigue, ce flou dans lequel le film le

05 — Elmore Leonard, *Punch créole* (*Rum Punch*, 1992), traduit de l'anglais (États-Unis) par Michel Lebrun, rééd. Rivages/Noir, 1998.

06 — Quasiment: *Pulp Fiction* donne à voir de tendres préliminaires entre le boxeur Butch (Bruce Willis) et sa compagne (Maria de Medeiros). Il se trouve que Butch est fatigué et veut décrocher.

laisse se dissoudre — flou d'ailleurs fort atypique chez Tarantino, tout comme sont très nombreux les fondus dans le film quand le cinéaste est plutôt un amateur de coupes franches. Touffeur, amortissement général qui signale encore une fois, comme des traînées d'endurants escargots, le sillage tracé par la fatigue dans le film. Cette douceur vaporisée restera une exception chez Tarantino, mais il n'oubliera pas ce qu'il a appris en elle : il accusera encore la dureté des films ultérieurs (et dans leurs arguments et dans leur texture), mais en la rehaussant précisément de brusques accès alanguis (exemplairement avec la mère ninja de *Kill Bill*), comme s'il s'agissait toujours de chercher, désormais, à conjuguer l'atroce et le tendre, l'insupportable et l'hospitalier.

Que les fatigués donnent une leçon aux tenants maniaques de l'inépuisable n'est pas sans conséquence sur la politique, au sens large, de Tarantino. En effet, le cinéaste n'affiche pas, personnellement, un tempérament enclin à l'abandon et à la fatigue, et il est sans nul doute un hâbleur intarissable — de ceux qui s'usent et se perdent, sans s'en rendre compte, dans ses films. Il ne faut pas sous-estimer ce geste chez un auteur en qui l'on pouvait soupçonner un penchant pour l'autocratie : dans *Jackie Brown*, il donne l'avantage et son affection à cela même qui paraît fondamentalement démentir, sinon démystifier, son propre génie, son esthétique de l'infatigable. Il n'est sans doute pas un hasard que le personnage ainsi élu soit si éloigné, en apparence, de lui : fatiguée, donc, mesurée en parole, et femme, et noire (ce qu'elle n'était pas dans le roman adapté). Autant la patte de Tarantino est voyante et parfois invasive, autant l'auteur prend de la place, autant il montre là une étonnante capacité à intégrer, sinon embrasser, ce qui n'est vraiment pas lui — quoi qu'en disent ses détracteurs, prompts à stigmatiser son machisme, voire son éventuel racisme sous-jacent (les « niggers » répétitifs lancés par le noir Ordell). Il y aurait tant à dire sur la manière dont les discours ou les gestes du dominé et du dominant, du faible et du fort, etc., ne cessent de lutter, de s'échanger ou de s'étreindre en chaque personnage de Tarantino. C'est à partir de *Jackie Brown* que le cinéaste choisit pour ses premiers rôles des dominés ou des persécutés (femmes, Juifs, Noirs) châtiant leurs oppresseurs avec leurs propres armes. On pourra y stigmatiser une esthétisation de la vengeance, une torve loi du talion — mais Tarantino lui-même ne cache pas l'aberration ou la monstruosité de ces réversions, sur le mode d'un grotesque cathartique. Reste surtout que ces opérations remettent en cause, de l'intérieur, le système de Tarantino lui-même, son charisme à l'évidence fasciné par la force, comme s'il s'agissait de dérégler sa propre machine à dominer, en la prenant au pied de la lettre, en en tirant toutes les conséquences, souvent comiques, c'est-à-dire aussi possiblement horribles.

La musique est ici une autre manière de rendre son dû à chacun des personnages, chacun des bas-reliefs tapissant le film. Au tout début, lorsqu'on suit Jackie sur son tapis roulant, on est persuadé que Tarantino impose comme bande-son *Across 110th Street*, en autoritaire DJ. On découvrira dans le dernier plan du film que la chanson fait partie de la discothèque embarquée dans les voitures de Jackie, puisqu'elle la fredonne mélancoliquement tout en conduisant, alors qu'elle vient de quitter Max et s'apprête à décoller pour l'Espagne. Il s'avère que la chanson de la première séquence n'était pas une pièce rapportée, mais peut-être, très précisément, ce qu'avait en tête la mystérieuse Gradiva à l'aéroport, ce qu'elle se chantait intérieurement pour se donner de l'entrain ou du courage — de même qu'elle lance à fond la caisse *Street Life* dans sa voiture, lorsqu'elle s'engage dans l'ultime phase de son plan. Tout au long du film, Tarantino restitue ainsi à chaque personnage sa souveraineté, en quelque sorte, sur la musique qui l'accompagne, par l'entremise de l'autoradio. Ce sera le geste amoureux de Max, qui va acheter la cassette de l'album des Delfonics que Jackie, en peignoir et dépeignée, a précédemment choisi comme fond sonore lors de leur discussion chez elle. Triste joie de l'autoradio diffusant des bandes originales individuelles, particulièrement durant le finale de l'échange de sacs, chaque voiture prodiguant sa propre programmation, qui redémarre mécaniquement dès que la clef de contact est engagée. Cela marque certes la radicale solitude de chacun, affecté à sa propre ritournelle, enfermé dans une ambiance monospace — ce en quoi on retombe sur le soubassement nihiliste de Tarantino, à qui il paraît impossible de croire à une réelle rencontre avec quiconque. Mais c'est aussi, tout de même, par-delà les clivages des programmations concurrentes, une façon d'identifier un fond commun chez tous les personnages, aussi dérisoire soit-il: ils aiment tous l'autoradio.

Le venimeux Ordell peut à ce titre rejoindre l'assemblée, même si (ou parce que) il intègre l'autoradio dans une machination assassine, en diffusant un slow langoureux dans une voiture pour tranquilliser l'homme qu'il s'apprête à tuer : hideux et grandiose plan-séquence de la bagnole nous quittant et revenant, après avoir fait le tour d'un bloc, le slow s'éteignant puis se ravivant, jusqu'à un terrain vague, où l'assassinat aura lieu presque imperceptiblement. Bien plus tard, à l'orée de la confrontation finale, Ordell et Max auront au moins en partage, dans la carlingue de la voiture, cette chanson que le cautionneur écoute en boucle depuis qu'il l'a entendue chez Jackie. Enfin, Ordell ne parle plus, écoute la bluette avec une mine sinistre, après s'être fendu d'une unique, infime et vertigineuse remarque : « Je ne savais pas que tu aimais les Delfonics. » Le malfrat ne repère pas que ce slow-ci lui sera fatal. Affranchie, Jackie chantera finalement seule, dans sa voiture et le dernier plan, *Across 110th Street*, la BO du tapis roulant fondateur. Simple boucle bouclée ? Pas tout à fait. Jackie est à nouveau livrée à elle-même, sans personne, les yeux perdus au loin comme lorsqu'elle était Gradiva, mais elle n'a plus à s'astreindre au profil : nous prenons en pleine face son visage, impérial et désarmé.

L'ÉPURE EN **COSTUME** D'**ARLEQUIN**

par Noémie LUCIANI

KILL BILL VOL.1

[2002]

KILL BILL VOL.2

[2004]

LE GESTE ABASOURDI

Spectacle révoltant : la femme à terre. Dans le noir et blanc des débuts, la pâleur de son visage tuméfié est grise, et les coups y mettent des taches sombres. La peau blessée a des transparences poignantes. La jeune femme tremble, sa poitrine se soulève en spasmes. Ses yeux sont pleins d'horreur. Sous ses cheveux collés par le sang et la sueur, un voile de mariée se froisse.

Les deux volets de *Kill Bill* s'ouvrent au même instant et sur la même image. À deux détails près. Dans le *Volume I,* le long plan fixe sur la Mariée (Uma Thurman) est coupé par un insert rapide sur les pas d'un homme chaussé de santiags : Bill (David Carradine). La tête de la jeune femme penche sur le côté, le visage se détourne, jusqu'à ce que son regard vienne se fixer sur l'assassin. Dans le *Volume II,* l'écran est noir, et le discours de Bill se déroule sans concurrence avec l'image, jusqu'à ce que le « clic » de la sécurité du pistolet vienne l'interrompre. La Mariée n'apparaît qu'à ce moment-là, le regard braqué sur Bill, lorsqu'en le voyant sortir son arme elle comprend ce que le spectateur a compris à l'oreille : il va tirer.

DÉBUTS À L'AVEUGLETTE

Cette variation autour de l'écran noir n'est pas, chez Quentin Tarantino, le plus raffiné des procédés de mise en scène. Mais il est efficace. La voix devenue familière de Bill n'en porte que plus cruellement les mots : expliquant les violences passées, annonçant les violences futures.

L'écran noir invite également à un autre type de jeu, beaucoup moins simple, et pertinent bien au-delà des deux scènes d'ouverture. Fermons les yeux. C'est à l'oreille que les deux scènes entrent en dissonance. Au cœur du spectacle, la voix de Bill et celle de la Mariée qui lui tient lieu de note de fond : sa respiration sifflante, ses gémissements, son silence. Puis ces paroles : « *Bill, it's* your *baby* », coupées net par la détonation. Ce sont les mots de la victime qui déclenchent le geste : incongrus, intolérables même, parce qu'ils entravent et concurrencent le flux harmonieux du discours vainqueur, confortablement sis dans une temporalité étirable à loisir. Plus encore parce que ces mots *signifient* dans la réalité la plus concrète : ils sont dangereux. L'exposé théorico-linguistique de Bill n'est que cruel, puissamment cruel. Parce qu'il ne vaut que comme abstraction, il rappelle que le geste meurtrier est lui-même abstraction, jusqu'à l'impact. Abstraction superflue, dispensable, glissée dans le réel par vengeance. À peine. Peut-être plutôt par plaisir.

Dans la première version de la scène, le spectateur n'en entend pas davantage. La détonation est suivie des premières notes de la chanson *Bang Bang* de Nancy Sinatra, elle-même ironique et cruelle. L'amant tue son aimée enceinte d'une balle dans la tête, et cela pourrait bien, comme dans la chanson, n'être qu'un macabre jeu. Celui-ci aura bien lieu à la fin du second volet. Ce sera alors une cruauté nouvelle : en larmes, la joie et la colère indiscernables, la Mariée fait semblant de mourir sous les balles imaginaires de sa fille.

Dans la seconde version, avant que la voix de Bill et ses pas ne résonnent, les notes de piano lourdement frappées de *A Silhouette of Doom* d'Ennio Morricone. Plus de la moitié des images en moins, et la musique en plus : d'un volet à l'autre, la façon de dire l'histoire a changé. Avec l'écran noir et la partition estampillée « western spaghetti », elle se raffine, se met en scène, exhibe les artifices. À la musique d'Ennio Morricone succède une voix off : celle de Black Mamba, qui reprend le récit où il en était resté « *Looked dead, didn't I ? But I wasn't…* » pour le mener jusqu'à son terme. La théâtralisation fait sens, sous les traits d'une mise en abyme : Tarantino s'estompe, laissant à son héroïne tout loisir de décider, au *Volume II*, comment le film dira son histoire. La première fois, la Mariée sortant du coma se la rappelait comme elle l'avait vécue au présent. La douleur et la stupeur intactes la maintenant dans une passivité abasourdie, reflet de cette nécessité, constamment illustrée dans le film, de se souvenir d'abord pour pouvoir agir enfin, ensuite. La seconde fois, tout a changé, et la Mariée prend les rênes du conte : redire son histoire comme au cinéma, avec la grande musique, les écrans noirs et la voix off, c'est la reprendre pour la vivre. Bill lui avait dénié ce droit en narrant sa mort à sa place. À elle, désormais, de prendre la vie de Bill en racontant sa mort.

En ce double début de *Kill Bill*, Tarantino semble n'avoir jamais été autant lui-même : enivré de son verbe au point de lui soumettre tout le reste, l'image, la mise en scène, le jeu, le sens. Tout semble être action, et tout n'est que parole. Et cependant, ce jeu de variantes autour de la première scène, avec ses gestes dérobés, ses écrans noirs, ses grands discours, semble trop exhibé pour ne pas inviter à la méfiance, peut-être même à la contradiction.

C'est que *Kill Bill*, mieux qu'aucun autre de ses films, se prête aussi à une tout autre forme de lecture : une économie du geste pur, réduit à sa plus simple expression, et se passant presque des mots. Cette discrétion singulière — et, chez Tarantino, singulièrement rare — est aussi concentration d'un sens construit en dehors du cadre verbal, voire contre lui. Au nom de cette discrétion, et au nom de l'esprit de contradiction si cher au cinéaste, oserons-nous ignorer son verbiage ? Oserons-nous, peu à peu, couper le son ?

INITIÉE AU SILENCE

Très vite après l'introduction bavarde du *Volume I*, les indices se multiplient pour donner à penser que le flux de parole tend cette fois à s'orienter vers l'épure. Dans le processus, les mots semblent perdre en couleurs. L'attention s'en détourne. À mesure qu'ils s'estompent émerge une conscience nouvelle du rythme : non plus seulement efficace, mais à sa manière, signifiant.

Comme ses prédécesseurs, *Kill Bill* trouve son rythme selon un principe de bouleversement chronologique, qui se trouve en l'occurrence compliqué du fait du découpage en deux volets n'entretenant pas le même rapport au temps du récit. C'est à l'échelle de l'ensemble que le sens de ce bouleversement s'éclaire : il s'agit d'éviter ou de brouiller autant que faire se peut le système de repères propre au film initiatique. C'est pourtant bien de cela qu'il s'agit, et à double titre. Initiée une première fois, Beatrix Kiddo devint le fleuron du cortège d'assassins de Bill : Black Mamba, ou *Dendroapsis polylepis*, le serpent le plus rapide du monde. Puis, pour pouvoir donner la vie au lieu de la prendre, elle devient la Mariée presque mère. De ce double rôle, Bill ne lui laisse que le premier. Dans les limbes de son réveil, Beatrix reste longtemps une Mariée sans nom, presque une allégorie, à peine moins qu'un poème. Durant tout le *Volume I* et jusqu'à la moitié du *Volume II*, on entend un « bip » chaque fois que l'un des personnages la nomme. Quelque chose de la blague dans ce « bip » : le même que celui dont on recouvre les grossièretés dans les versions censurées des clips de rap. Quelque chose au-delà de la blague. Le nom qui importe est un nom adopté, revendication d'une identité construite : le serpent, la mariée, plus tard, très tard, la mère. Et l'initiation recommence. Blessée comme jamais, privée de cette autre vie qu'elle portait en elle, l'anonyme travaille à redevenir Black Mamba, et y parvient, plus absolument que jadis, car la volonté qui la porte est la sienne seule. Elle a trouvé dans les souffrances de la Mariée presque mère une énergie neuve.

LA PROMESSE ET LE TOUR

Brouillée, la double initiation l'est sur le mode d'une inversion dans sa structure logique : l'exercice pratique est toujours montré avant son apprentissage. S'il s'agissait d'un tour de magie, on dirait que le *tour* précède la *promesse* qui l'annonce et, créant un effet d'attente, en décuple par anticipation le plaisir. Tarantino ne le renierait guère : son imagination s'est emparée des arts martiaux par le biais des films de genre, connus pour sublimer les exploits réels de leurs acteurs à grands renforts d'effets spéciaux. Mais pour que la prouesse se fasse sortilège, il faut qu'en dernier recours elle nous échappe encore, tout ou partie. Preuve ultime des effets quasi surnaturels prêtés à l'ellipse d'apprentissage : l'émerveillement un peu déconcertant de Bill blessé à mort, lorsqu'à la toute fin du *Volume II* il s'aperçoit que Black Mamba a utilisé contre lui la plus fine des techniques de combat de Pai Mei, la « *five point palm exploding heart technique* », la « technique du cœur explosé par la paume à cinq pointes ». Il ignorait, comme le spectateur, que la jeune femme avait su apprivoiser le vieux maître misogyne au point de lui arracher son secret le plus extraordinaire.

Dérober ou retarder la promesse, pour brouiller l'attente et donner au tour les fulgurances irréalistes du geste magique. Les enjeux sont passablement différents de ceux que l'on prête habituellement aux bouleversements chronologiques tarantiniens. Dans *Pulp Fiction* ou *Jackie Brown*, ces derniers s'expliquent de deux manières. D'abord, ils sont la conséquence logique du statut choral du récit, la condition *sine qua non* pour que chacun des personnages puisse raconter tout ou partie de son histoire. Ensuite, ils constituent l'une des modalités ludiques par lesquelles Tarantino imagine presque chacun de ses films comme un jeu de piste avec son spectateur: la désorientation temporelle, correspondance de la désorientation spatiale, sur laquelle vient se positionner un ensemble d'énigmes qui sont autant de balises pourvu que l'on sache les déchiffrer.

À l'inverse, toute la désorientation temporelle à l'œuvre dans les deux volets de *Kill Bill* semble fixée sur la nécessité de conférer au geste une aura presque magique, avec toute la distance dont on sait Tarantino capable vis-à-vis de ses propres films comme de ceux qui leur ont donné une sève. De plus, le cinéaste s'attache à refuser toute portée chorale à son film. À l'exception de la séquence biographique de Oren-Ishii, posée en parenthèse du récit et visuellement isolée par l'usage de l'animation, *Kill Bill* refuse d'adopter tout autre point de vue que celui de Beatrix Kiddo. C'est la première fois dans sa filmographie que Tarantino faisait ce choix: *Pulp Fiction* se construisait par émergences successives d'individus membres d'un même groupe. *Jackie Brown*, précédant immédiatement *Kill Bill*, passait, en dépit de son titre, le plus clair de son temps à parasiter le portrait de femme promis par des changements de points de vue, mettant sans cesse la protagoniste en situation d'être dévorée par les personnages secondaires.

L'éternelle solitude de Beatrix Kiddo permet à *Kill Bill*, pour la première fois, de s'approprier les codes du film initiatique. Le genre parasitait déjà l'orchestration chorale de *Reservoir Dogs*, en se recentrant très progressivement sur le personnage de Mister Orange (Tim Roth), la taupe, dont on découvre le véritable statut plus d'une heure après le début du film. Tarantino entame alors une longue séquence initiatique chronologique, montrant la familiarisation progressive du jeune flic avec son personnage. À l'inverse, le spectateur connaît dès le début du film, à travers le combat contre Vernita Green, les compétences de Beatrix Kiddo. À partir de là, son apprentissage est constamment annoncé et retardé, au point de n'être vraiment mis en scène que dans le second volet lors de la longue séquence chinoise intitulée *The Cruel Tutelage of Pai Mei*, « La tutelle cruelle de Pai Mei ». Le *Volume I* exhibe ces effets d'annonce jusqu'à en faire un aspect déceptif: Hatori Hanzo invite la jeune femme à s'entraîner chez lui durant un mois, le temps pour lui de forger une arme digne de sa quête. Mais l'entraînement fait l'objet d'une ellipse, et le récit franchit un mois pour reprendre à la cérémonie de remise du katana, le sabre des combattants japonais. Il y a là le signe d'une évolution depuis *Reservoir Dogs* dans le rapport au code, dans le sens où le récit d'apprentissage n'était pas soumis à un effet de retard, mais à un effet de surprise. Dans *Kill Bill,* c'est une étape de plus dans le jeu de pistes : montrera-t-il l'initiation ? Ne la montrera-t-il pas ?

Renaissance et naissance : cet ordre semble pourtant indiquer une préséance, comme si la valeur du guerrier tenait à sa capacité à renaître de ses cendres plus encore qu'au cheminement originel pour sortir de la foule et de l'ombre. Le *Volume I* raconte comment la Mariée est revenue d'entre les morts. Le *Volume II* consent à nous montrer la naissance de la guerrière, Black Mamba, pour que nous puissions comprendre sa résurrection. C'est presque une concession, faite uniquement parce qu'elle illustre la thésaurisation insensée des forces nécessaires à sortir de la tombe : concrètement, cette fois. Sur cet aspect encore, *Kill Bill* semble ne trouver d'écho rétrospectif qu'avec *Reservoir Dogs.* Toute bouleversée que soit la chronologie de *Pulp Fiction,* la réinvention mystique du personnage de Jules (Samuel L. Jackson) se fait de manière très ordonnée, depuis la scène initiale du discours biblique de l'exécuteur, jusqu'à l'explication de texte finale et la rédemption qui l'illustre au cours du face-à-face avec l'apprenti gangster.

Mais il y a bien dans *Reservoir Dogs* un questionnement de la même nature que dans *Kill Bill.* Plus complexe, plus torturé. En effet, si la renaissance de Black Mamba la mène à se forger une identité stable, celle de la mère vengeresse, l'évolution de Mister Orange est toute ambiguïté. C'est en faisant semblant de devenir gangster qu'il est supposé tenir vraiment son rôle de flic infiltré : la justice portant le masque de la pègre. Mais le masque et le visage se mêlent et se défigurent mutuellement tandis qu'émerge un autre ordre moral. Mister White (Harvey Keitel), le Pygmalion fictif, est devenu pour lui un père ou un grand frère, et la loyauté qui lui est due tend à faire oublier toutes les autres. Sous son pseudonyme coloré, l'identité de Mister Orange vacille : l'aveu final pourrait être une renaissance, mais on ignore, comme lui sans doute, quels en sont les véritables motifs. Tout au plus est-ce, comme chez d'autres héros tarantiniens (Butch), un appel désespéré à la rédemption.

SEUL LE CORPS

Dans *Kill Bill*, l'articulation renaissance/naissance s'observe également sous l'angle d'une réflexion tout à fait neuve alors dans le cinéma tarantinien, elle aussi due à l'ascendance directe des films d'arts martiaux. Tous les moyens ou presque que se donne Beatrix Kiddo pour parvenir à son but sont en effet liés au ré-apprentissage de la maîtrise de son corps et des techniques qui font d'elle une guerrière d'exception. Elle aurait pu en choisir d'autres, de ceux que l'on aime à prêter aux vengeresses plus encore qu'aux vengeurs: la manipulation, la ruse, la dissimulation. Les mots. Mais Beatrix Kiddo avance tête nue, se présente de face. Hurle des provocations en japonais pour faire sortir Oren-Ishii, la grande manipulatrice, de sa cachette. Dédaigne le poison, la seringue qu'affectionnent Elle et Budd. Sa stratégie est linéaire: remonter le courant jusqu'à la source, une mort à la fois, pour tuer enfin Bill.

La vengeance aurait pu se faire autrement. Mais elle y aurait perdu sans doute de son sens. Il ne s'agit pas uniquement de racheter la mort de sa fille, mais aussi son honneur de guerrière vaincue par la seule supériorité numérique: il a fallu que Bill convoque dans la chapelle de Two Pines son escadron au grand complet pour la mettre à terre. Cette victoire traitresse, Beatrix la compense par autant de combats à la loyale qu'il y avait d'exécuteurs: il faut montrer à chacun qu'il a été bien lâche, et qu'en face à face aucun n'aurait tenu.

De renaissance en naissance, la consolidation du corps guerrier ne tient pas seulement à la densité des muscles, à la rapidité des réflexes, à toute la vigueur maîtrisée du corps. Elle tient avant tout à la capacité de Beatrix à refuser tout ce qui peut la détourner du combat, au sens purement physique du terme. Fioritures. Mises en scènes, théâtre. Les mots, surtout, le piège infiniment désirable: toute la capacité à mobiliser ses forces tient à l'ardeur avec laquelle elle se retient d'y tomber.

Parler beaucoup, trop vite, sans queue ni tête, tenir le rôle que Tarantino aime à leur prêter semble, dès lors qu'on en vient au combat, vider les personnages de leur belle énergie. C'est qu'à l'exception de Beatrix, ils se battent plus volontiers à coups de mots qu'avec toute autre espèce d'arme. À l'hôpital où la Mariée se trouve plongée dans le coma, Elle Driver est empêchée d'administrer l'injection fatale par un coup de téléphone de Bill. Mais elle a repoussé le meurtre — avec délectation — pour le plaisir onaniste de faire un beau discours au-dessus du corps de la presque morte. Eût-elle renoncé au discours, le coup de téléphone de Bill arrivait trop tard.

SILENCE ! ON SE BAT !

Le premier combat de Black Mamba illustre bien cette déperdition d'énergie par la parole. Lorsque Vernita Green lui ouvre sa porte, pas un mot n'est échangé : on se jauge du regard. Durant toute la durée du combat, Black Mamba n'ouvre pas la bouche. Les plans rapprochés sur son visage montrent la contraction de la mâchoire, l'effort musculaire plus encore que mental nécessaire pour s'interdire de jouer avec les mots.

Vernita et Black Mamba auraient pu être jumelles : le destin de la première (un mari, une fille de quatre ans, une vie tranquille dans une banlieue pavillonnaire) était celui qu'espérait la seconde venue répéter la cérémonie à Two Pines. Doubles inversés, s'observant de part et d'autre d'un miroir, il n'est guère étonnant qu'elles soient au combat de force égale. Dans la cuisine, Vernita, dont Black Mamba loue l'habileté au couteau, envisage même l'inversion des rôles — et du rapport hiérarchique que l'on devine : « C'est *moi* qui aurais dû devenir cette putain de Black Mamba. »

Mêmes réflexes, même capacité à détourner n'importe quel objet à portée de main pour en faire une arme. Le combat s'éternise sans qu'aucune ne prenne l'avantage, chaque coup en annulant un autre. Seule distinction : Vernita est la première et au fond la seule qui cède à la tentation de parler. Par provocation, croyant que les mots lui seront une arme de plus, susceptible de réveiller d'anciennes blessures : « Je t'ai massacrée, tu te rappelles ? » Black Mamba ne desserre pas les dents. Plus tard, dans la cuisine, Vernita récidive, pense jouer sur la corde sensible : elle est mère d'une petite fille, elle a changé. Rien n'y fait, Black Mamba coupe court au dialogue : l'échange ne sert qu'à planifier un rendez-vous nocturne à l'arme blanche, qui n'aura jamais lieu.

Autre indice, au fond de même nature : Vernita tire sur Black Mamba avec un pistolet caché dans le paquet de céréales de sa fille. Et manque, et reçoit un couteau en pleine poitrine. Or, ce qui scelle son destin n'est pas tant la tricherie que le changement d'instrument : elle abandonne l'arme blanche, sa partie forte, pour la facilité *bruyante* de l'arme à feu. Sur le paquet de céréales était écrit *Kaboom*, interjection familière connotant un grand bruit, « patatras » ou « badaboum ». Cela pourrait n'être qu'une grosse blague. Cependant, l'interjection lie l'arme au bruit qu'elle fait, et le bruit à la faute : *Kaboom!* Vernita manque son coup. La concentration seule lui aura fait défaut. Black Mamba lance le couteau, et touche. À capacités égales, la concentration fait tout, et le silence en est le véhicule autant que la mesure.

L'AMOUR DE L'ACIER

L'arme fait le guerrier à son image. Silencieux par nature, le katana ne peut atteindre son but que manié par un être silencieux, dont aucun mouvement n'est superflu. Il est l'arme de Bill, commune à tous ses disciples, symbole de loyauté. *Pulp Fiction* : Butch (Bruce Willis) le choisit au détriment de la tronçonneuse pour sauver Marsellus, qu'il a trahi, et gagner ainsi son pardon.

Tous les assassins de *Kill Bill* entretiennent avec le katana un rapport différent et signifiant. Budd prétend avoir vendu le sien : contre Black Mamba, il utilise une arme à feu, une seringue pleine d'une substance soporifique, et un taser. Il meurt sans panache, piégé par Elle Driver… qui pense ainsi lui dérober le katana de Black Mamba. Vernita Green fait l'erreur de délaisser l'arme blanche pour l'arme à feu : c'était déjà l'erreur de Bill tirant sur la Mariée. Lorsque vient le temps des regrets, à la dernière séquence, ce n'est pas la violence du geste qu'il déplore, mais la non-dignité de l'arme bruyante, qui n'est pas comme le sabre prolongement du corps dompté. Se prêtant à toutes les mains, initiées comme novices, le revolver est volage par nature, dépourvu de noblesse.

Dans *Pulp Fiction*, le katana faisait l'objet d'une sorte de blague prolongée liée à son inefficacité relative. Katana ou tronçonneuse ? Katana ou arme à feu ? Par provocation, Butch armé de son sabre met Zed au défi de se saisir du pistolet qu'il a laissé sur la table. Mais lorsque vient le temps de la vengeance — qui ne lui appartient guère — Marsellus ramasse l'imposant fusil du compère de Zed, et l'apprenti samouraï en marcel s'écarte. Le film revient à un imaginaire plus familier, plus cohérent dans le contexte. Comme si Tarantino, en dehors d'une blague et de l'incongruité ludique de l'objet, ignorait au fond quoi faire d'un katana. Dans *Kill Bill*, l'objet semble cristalliser un sentiment rarement prêté au cinéaste, et d'autant plus intéressant à analyser : un très paradoxal sérieux. Pour tuer Oren Ishii, Black Mamba se rend au Japon, et exige d'Hattori Hanzo qu'il brise son vœu et fabrique à nouveau *l'acier japonais*. Hanzo est d'abord réticent, presque inflexible, mais l'obstination de Black Mamba l'emporte : on jurerait que, par une sorte de correspondance mystique entre le condamné et l'arme de son châtiment, Oren Ishii ne pouvait être tuée autrement.

Tout au long du *Volume I* et durant la première partie du *Volume II*, Black Mamba entretient avec son arme une relation de dépendance qui va bien plus loin que la conviction appuyée par l'expérience que ce type de combat lui convient mieux. Il ne s'agit pas non plus du fétichisme que l'on trouve chez Elle Driver collectionneuse, ou chez Bill, qui « apparaît » pour la seconde fois dans le premier volume comme une main fermée, crispée ou caressante, sur la poignée du sabre. C'est une superstition, une certitude presque mystique de ne faire qu'une avec son arme au point qu'en être privée est une blessure. Lors du combat avec Gogo, lieutenant virtuose d'Oren, Black Mamba étranglée par une chaîne se retrouve plus près de la mort qu'à aucun autre moment : cette vulnérabilité éphémère coïncide avec la perte de son arme, qui est bien plus qu'un moyen de défense. Les gestes se font moins précis, moins sûrs. À chaque saut, un plan serré sur la réception : les pieds mal assurés sur la table glissante, le front plissé par l'angoisse, le souffle court. Le choc causé par le geste arrachant l'arme déséquilibre un instant le corps : l'absence de l'arme le déséquilibre durablement, comme s'il était privé d'un membre. Bras métallique, le katana doit épouser le déploiement naturel du corps. En comprenant cela, Black Mamba se révèle à la fin du *Volume I* comme une guerrière exceptionnelle — surnaturelle — une guerrière de cartoon. Chorégraphié par Yuen Woo-ping, le combat contre les Crazy 88 entretient avec ceux des films d'arts martiaux chinois un rapport qui tient autant de l'hommage que du parasitage. Hommage, parce que les bonds spectaculaires de Black Mamba, sa capacité à faire voler, pour ainsi dire, trois têtes en un coup de sabre, ont tout de cet irréalisme enthousiaste caractéristique du genre.

Le parasitage tient à son rapport à l'arme. Là où les Crazy 88, tout sourire, se battent comme on danse, caressent langoureusement les lames, recherchent l'effet visuel autant et plus que l'effet meurtrier (et cela, encore, vient des films d'arts martiaux), Black Mamba n'a pas un geste de trop. Plus encore, chaque geste superflu d'un adversaire la renforce. La jeune fille masquée retire un instant sa main de la lame dans l'unique but de l'y reposer gracieusement: Black Mamba la cloue au poteau. La vanité des autres lui donne une fraction de seconde pour administrer la mort.

Le refus de la fioriture gestuelle, comme de la fioriture verbale, permet à Black Mamba de faire porter chaque coup au-delà de tout réalisme. À chaque mouvement de sabre son geyser de sang. Mais cette magie fait sens. Par-delà l'intérêt ludique de ces disproportions flagrantes entre le mouvement et son effet, une leçon s'impose: si petit que soit le geste, il peut concentrer toute la puissance du corps, et s'offrir au déferlement d'un effet papillon.

DES PROFONDEURS DE LA MÉMOIRE, LE GESTE INFIME

Toute résurrection commence à très petite échelle. Laissée pour morte, la Mariée se rappelle de justesse au rang des vivants en crachant à la figure d'Earl McGraw, le policier dépêché sur les lieux du crime. Earl vient tout juste de faire une série de commentaires déplacés sur les jolis traits du «petit ange éclaboussé de sang». Mais ici le geste n'est insolent que de manière accidentelle: elle est dans le coma, et si réaction il y a contre le mauvais goût du mâle, elle est toute inconsciente. Au début du *Volume II*, Black Mamba, mise à terre d'un coup de fusil dans la poitrine, crache à la figure de Budd, qui répond de la même manière. Cette fois, le défi est conscient, mais le message reste sensiblement le même: «Je ne suis pas encore morte.» Presque incapable de bouger, le souffle coupé par la décharge, elle n'a plus que ce coup-là, le même, pour signifier que le combat n'est pas fini.

UN GESTE, À PEINE

Les deux volets de *Kill Bill* mettent en scène un moment où tous les enjeux scénaristiques et dramatiques tournent autour d'un geste, très petit, et qu'il est extrêmement difficile de faire. Ce geste seul fait sens, d'autant plus fortement qu'il est infime à l'œil.

Dans le premier volet, la Mariée s'évade de l'hôpital après avoir tué deux hommes. Elle n'a pas repris l'usage de la partie inférieure de son corps : mais elle a tué, à coup de petits gestes — en arrachant la langue du premier adversaire avec ses dents. Depuis le fauteuil roulant qui lui a permis de gagner le parking, elle se hisse dans la voiture, referme la porte : la musique s'arrête. Regarde les fauteuils rouges brillants, ses jambes mortes, ses pieds immobiles : la renaissance doit commencer ici.

« *Wiggle your big toe* », « Remue le gros orteil. » Le long travail de réappropriation du corps passe par cette petite phrase, que l'on répète comme une incantation. Parole non superflue par excellence : incantatoire, et même performative. Directement en prise sur le réel, elle intègre un processus d'autopersuasion permettant de feindre la force nécessaire puis de la trouver, pour accomplir le geste infime, difficile, éprouvant.

Le *Volume II* intègre une séquence analogue, mais sur le mode de la gradation : plus forte dans ce qu'elle suggère, comme dans sa mise en scène. Et une fois encore, c'est à l'oreille surtout que les deux séquences se distinguent. Celle de l'orteil jouait sur quelques effets comiques de mise en scène, sonores surtout : la musique estampillée « film d'action » coupée net, puis la flûte moqueuse accompagnant l'incantation. Second degré, ou même troisième. La séquence de la tombe, en revanche, s'inscrit dans un registre héroïque, où toute trace d'autodérision a disparu. Et le geste même est d'une autre nature.

Ayant vaincu Black Mamba, Budd décide de l'enterrer vivante en ne lui laissant qu'une lampe torche. Elle panique, et croit d'abord — comme le commun des mortels l'aurait cru — pouvoir se servir de la torche comme d'un marteau, pour entamer le bois. Pleure, hurle, désespère. S'apaise. Éteint la torche, et fait silence. Comprend que la survie ne pourra passer que par un seul geste fondateur, appris et peut-être oublié : fracturer la planche à main nue, sans recul. Geste minuscule, auquel sont interdits l'ampleur, l'élan, toutes les fioritures : où la force, à nouveau, tient à la seule concentration. Silence. Puis, à mesure que la concentration s'accroît, la musique : *L'Arena,* d'Ennio Morricone, qui se déploie, gagne en ampleur. Premier degré. Les silences du guerrier ont pour correspondance les plus grandioses des symphonies intérieures.

SÈVE HÉROÏQUE DE LA MÉMOIRE

Par-delà le statut similaire qu'elles occupent dans le scénario, ces deux scènes sont liées par des détails signifiants : enterrée vivante, Black Mamba, pour récupérer le couteau caché dans sa botte, commence par libérer ses pieds attachés. Mais elles le sont plus encore par leur vocation commune à montrer un lien particulier entre le geste et la mémoire. Dans le *Volume I,* la renaissance entreprise est celle de la partie morte du corps. Le geste qu'il s'agit de retrouver — remuer l'orteil — est un geste instinctif, de ceux qu'il n'est pas besoin d'apprendre. Dans le *Volume II,* la tâche est à la fois très concrète et plus visiblement symbolique : il faut, dans tous les sens du terme, sortir de la tombe. La renaissance entreprise ne touche plus au corps instinctif, mais au corps éduqué, formé, rompu à toutes les virtuosités : celui du guerrier.

Dans les deux cas, la réactivation du geste passe par l'évocation d'un souvenir précis, qui semble insuffler aux muscles atrophiés ou contractés une force nouvelle. Le premier de ces souvenirs est glissant, son sens ambigu à mesure qu'il s'expose. Tandis qu'elle essaie de bouger l'orteil, la Mariée se remémore les visages de ses presque assassins, disciples de Bill : la *Deadly Viper Assassination Squad.* Un visage se détache : Oren Ishii. Pourquoi celui-là ? Nous savons seulement qu'elle est « la première » d'une liste dont Bill est d'évidence le dernier item, mais dont l'organisation générale demeure pour le moins obscure.

Toute l'histoire d'Oren se déroule, en dessin animé : bien plus que nécessaire à invoquer la vengeance. Contradictoire, même, car elle prête à l'autre une âme blessée qui pourrait laisser au bras justicier quelque réticence : une âme jumelle. D'Oren à Vernita, ou de Vernita à Oren si nous suivons l'ordre du film, le *Volume I* est un apprentissage par affrontement de soi. Rien de plus vieux que ce conte-là : c'est Jacob avec l'Ange, Merlin devenu fou, Don Quichotte, Luke Skywalker sur Dagobah.

Première adversaire, Oren est aussi le premier modèle dont la Mariée se souvienne à son retour d'entre les morts. Comme elle, Oren a vu sa famille mourir sous ses yeux. Comme elle, Oren n'a vécu que pour servir sa vengeance, jusqu'à ce que le meurtre accompli la laisse libre de vivre pour elle-même. L'ellipse initiatique déjà mentionnée au cours du séjour chez Hattori Hanzo se trouve ainsi compensée de manière cryptée : le modèle est d'abord présenté comme ennemi, la séquence est animée. Mais le souvenir n'en est pas moins efficace. Peut-être est-il seulement trop tôt, au stade où le corps instinctif renaît seul, pour rappeler Pai Mei, modèle au-dessus de tous les modèles, à la mémoire.

Le second souvenir-clef est plus simple dans ses enjeux, bien que construit selon un principe de paliers, ou plutôt de dédoublements. Il s'agit de cette séquence initatique retardée qui occupe à elle seule le huitième chapitre de l'histoire, « La cruelle tutelle de Pai Mei ».

Double dédoublement. Celui de l'initiateur : le premier maître, Bill, amenant l'élève jusqu'à son propre maître, Pai Mei. Celui du geste fondateur lui-même. Fracturer la planche est la première tâche que Pai Mei impose à la future Black Mamba, et la technique qu'elle mettra le plus de temps à maîtriser. Exercice récurrent, filmé à six reprises, avec des plans serrés sur la main blessée, pour montrer l'affinement progressif de sa maîtrise. La sixième fois, lorsque la main atteint enfin son but, devrait faire partie du souvenir pour que le cheminement initatique soit bouclé. Mais on ne verra Black Mamba briser la planche que dans la tombe, comme si toutes les étapes de son apprentissage, revécues en pensée, n'avaient servi qu'à faire porter le coup sur cette cible-là.

Cependant, le souvenir de l'apprentissage n'est pas celui qui précède immédiatement l'accomplissement du geste, et c'est en cela que l'on peut parler de dédoublement. Entre les deux vient s'insérer un autre souvenir, dont on pourrait croire qu'il parasite le tissage laborieux de la mémoire avec le présent, alors qu'il en est la trame. Attablée devant un bol de riz, Black Mamba brisée par l'exercice ne parvient plus à manier les baguettes, et veut saisir la nourriture avec ses doigts. Pai Mei — qui, une fois n'est pas coutume, ne perd rien de son calme, tant la leçon aux airs insignifiants est importante — jette placidement le contenu du bol au sol, en lui expliquant que si elle tient à manger comme un chien, elle ira dormir comme un chien, dehors. Puis il pousse devant elle son propre bol. Lentement, douloureusement, Black Mamba reprend les baguettes, et parvient à porter un peu de riz jusqu'à sa bouche.

Il y a dans tout cela, comme dans tout ce qui touche à Black Mamba, un sens éminemment sérieux et toujours paradoxal dans la mesure où Pai Mei, tout entier à son tic de jet de barbe en arrière, est lui aussi un personnage de cartoon, filmé à grand renfort de zooms. Mais une blague, chez Tarantino, n'est pas toujours incompatible avec le plus grand sérieux. *Kill Bill* l'illustre bien : c'est même l'un de ses traits les plus intéressants.

En apparence dépourvu d'art et de noblesse, un seul geste minuscule suffit à faire ou défaire le guerrier. Cette leçon, plus encore que l'exercice technique préliminaire, permet à Black Mamba de ranimer la main, de redonner la force nécessaire au geste appris. D'abord, renaître par instinct, dans un réflexe retrouvé. Puis au bout du parcours, renaître en virtuose, accomplir le prodige : fracturer la tombe. Entre les deux, un mouvement anodin, qui vient les lier l'un à l'autre : le nœud gordien, le point où le cheminement de retour vers les vivants se joue, c'est le rappel à tout ce qui fait l'homme différent du chien.

Sortie à main nue de la tombe, la guerrière renaît désarmée. Des techniques durement apprises à l'enfance de l'art, elle éradique le décorum, le vocabulaire, jusqu'à l'instrument. C'est à main nue, aussi, qu'il faudra tuer Bill.

L'ADIEU À L'ARME

Ultime leçon de Black Mamba, le renoncement au katana se développe au fil de l'ensemble formé par les deux films et influe sur leur construction. Le *Volume I* se présente comme un film d'action, scandé par des combats à intervalles réguliers. Il obéit à un principe de gradation des épreuves semblable à celui des jeux vidéos, qui emmène Black Mamba de Vernita à Oren (le « boss » dans tous les sens du terme : chef mafieux et dernier combat du jeu — le plus difficile), en passant par l'armée anonyme de zombies (les Crazy 88) et le lieutenant / boss intermédiaire (Gogo), dernière barrière avant le seul combat au katana dans les règles de l'art.

La structure du *Volume II* est assez différent : Black Mamba ne se bat que deux fois, puisque sa tentative d'assaut contre Budd est immédiatement repoussée. Armée de son seul katana, elle force la porte de sa caravane : à quoi Budd répond d'un coup de fusil. Il y a là, une fois encore, quelque chose de la blague, du même ordre que ce que l'on trouvait dans *Pulp Fiction* : le katana a de la prestance, de la gueule, mais en dernier recours rien ne vaut l'arme à feu.

Black Mamba s'est trop fiée à son arme. La dernière étape de l'épure, la plus difficile, c'est de s'en affranchir au-delà du simple abandon : l'utiliser comme simple leurre. Il y a là une désinvolture qu'il n'est pas aisé d'acquérir.

Les deux combats du *Volume II* s'orchestrent et se règlent de façon identique : un faux duel au katana, servant à détourner l'attention de l'arme véritable qu'est devenue la main nue. Contre Elle, l'enjeu semble d'abord de l'empêcher de dégainer, le temps de récupérer le second katana pour rétablir — comme avec Vernita — un combat à armes égales. Et comme avec Vernita, plus visiblement encore, la mise en scène s'acharne à montrer comment les forces équivalentes s'annulent. Tarantino multiplie les effets de symétrie : les deux femmes de profil, séparées par la ligne noire du sabre que l'une tente de maintenir dans son fourreau, et l'autre de l'en extraire. Puis la ligne noire se fait ligne de démarcation d'un *split screen* (double écran), où deux chutes identiques sont filmées en parallèle, et deux fois trois secondes pour se relever. On croirait qu'un mur invisible les sépare, et qu'elles s'y heurtent obstinément, sans comprendre qu'il leur est impossible de toucher l'autre. Second temps du combat : Black Mamba avise le sabre de Bud et s'en empare. Armes égales, encore. Dans un cadre identique, chacune à une extrémité du couloir, les deux blondes se font face : symétrie nouvelle, cette fois contrariée par des plans en perspective, filmés derrière l'une ou l'autre des combattantes. La musique recommence (*A Silhouette of Doom*, encore), les langues se délient pour les provocations rituelles, on prend la pose, et la caméra vient lentement zoomer, des corps figés jusqu'aux visages. Il faut deux minutes trente à ces préliminaires, pour ne croiser le fer que dix secondes. Black Mamba arrache l'œil de Elle, et voilà le combat gagné. Toute la chorégraphie n'a servi qu'à focaliser l'attention de la belle borgne sur l'arme dont son adversaire n'a plus besoin.

Comme dans cette ouverture du *Volume II* — identique à celle du *Volume I*, mais rendue à sa narratrice légitime — la mise en scène très visible dit autant la toute-puissance amusée du cinéaste sur la forme de son histoire que la rage astucieuse déployée par Black Mamba pour construire son leurre. Elle, la fétichiste en costume noir, rêve encore d'un combat à l'arme blanche comme dans les films, porté par une musique grandiose, cadré comme une captation de concert de rock. Black Mamba, ayant renié le décorum, lui offre les délices mortels d'un beau mirage.

Face à Bill, l'exécution est d'autant plus rapide qu'elle semble indéfiniment retardée par les étranges retrouvailles de Black Mamba avec sa famille : en plusieurs scènes, connotant toutes, et souvent avec une ironie teintée d'humour noir, l'extrême violence. La fusillade pour rire, puis la parabole de la mort d'Emilio le poisson rouge, racontée à deux voix par le père et la fille tandis que Bill, armé d'un couteau bien trop imposant pour une si humble tâche, découpe avec une précision chirurgicale la croûte des sandwiches qu'il prépare. « Un poisson qui frétille sur le tapis, et un poisson qui ne frétille pas sur le tapis » : cette image « parfaite » de vie et de mort, il l'analyse posément, basculant la grande lame d'un côté à l'autre, en regardant Black Mamba dans les yeux. Le geste seul aurait suffi.

Viennent ensuite le pistolet et le sabre, admiré, rengainé, laissé à portée de main sur la table de jardin, frappé sur le sol comme pour annoncer le lever de rideau, taillant dans le cadre une ombre noire à son possesseur. Mais on ne croise le katana qu'une seconde, et sans même se lever. Dégainer, rengainer, encore : l'acier n'était qu'un leurre, et la main libre exécute les gestes secrets de la mystérieuse *five point palm exploding heart technique*. Bill s'émerveille, se lève, fait lentement quelques pas vers la mort, s'effondre. Le cœur explose. Rien n'est visible à l'œil. Et cependant, parce que l'on sait qu'intérieurement le geste infime a généré le même effet disproportionné que lorsque Black Mamba réglait leur compte aux Crazy 88, cette mort est la plus spectaculaire de toutes.

Le corps tout entier du guerrier est devenu une arme. Que le guerrier soit femme, nous ignorons toujours dans quelle mesure il est pertinent de s'y arrêter. Mais le dernier souvenir invoqué par Black Mamba avant l'assaut final porte sur le moment où, découvrant sa grossesse, elle parvint à convaincre son adversaire

Karen de renoncer au combat. La maternité refusée est l'aliment intarissable de la vengeance. La maternité rendue une raison de plus d'administrer la mort : il faut bien tuer Bill, pour achever de déconstruire la chaîne initiatique, afin que le corps désarmé de la guerrière garde une chance de réapprendre auprès de l'enfant les gestes minuscules et si chargés de sens de la douceur. Née pour la seconde fois des cendres de la Mariée, Black Mamba peut devenir *Mummy*, « Maman ». Autre allégorie, autre poème : tout autre apprentissage.

Où commence Tarantino, et où finit la référence ? On trouve dans *Kill Bill*, comme dans tous ses autres films, de ces fulgurances verbales, absurdités violentes, spectacles en tous genres qui semblent constituer son moi, sa peau, plus ou moins visible sous les bleus et bosses adorés que lui infligent les références, plus ou moins dignes d'être examinées. Mais de cet amour capricieux du petit geste en ces brusques silences, de la belle mystique de l'arme, et de tout ce sérieux un peu gêné auquel second degré et autodérision viennent çà et là, comme de vieux réflexes, donner bonne conscience, il est difficile de savoir quoi faire.

Sont-ils autant de blessures héritées, propres à son seul film d'arts martiaux, sitôt infligées, sitôt rangées dans la grande banque à rêves ? Sont-ils les symptômes d'une tendance neuve, les signes avant-coureurs d'une conversion possible ? J'ai plutôt l'impression contraire. Rien de ces blessures-là dans les films précédents, et encore moins dans les films qui suivent. Les coups portés dans *Boulevards de la mort* disposent de tous les élans que peut donner la rage, et se plaisent en compagnie des mots. *Inglourious Basterds* est l'un de ses films les plus bavards. Il raconte bien des naissances et bien des morts, mais de renaître il n'en est pas question.

Je parierais plutôt que *Kill Bill* tient lieu pour Tarantino de point limite, et que s'en approcher encore serait risquer trop gros. Chaque plaie s'étend et vient étendre la plaie adjacente. De sa peau, on dirait parfois qu'il ne reste rien. Il n'y a plus de lui que ce qu'il aime : les séries Z, les coups, le sang, les combats pleins de mots, les chansons entêtantes, les fortes femmes, les fortes têtes. Collectionneur rieur des meurtres inutiles, voilà qu'il cède aux tentations infiniment sensées de la seule vengeance, rêve le geste en symbole. Bavard impénitent, beau parleur maladif, les mots lui manquent. *Kill Bill* le tue.

JOUIR POUR PERDRE

par Éric CHAUVIER

KILL BILL VOL. 1 [2002]

KILL BILL VOL. 2 [2004]

« Le titre de la bande son originale de *Kill Bill*, « Battle Without Honor or Humanity » est utilisé par TF1 à la fin de chaque match de l'équipe de France de football et servait avant de générique pour *Téléfoot*. »

Wikipedia

Je ferai d'abord appel à mes souvenirs de spectateur, largement marqués par les premiers films de Tarantino, mais déjà, d'une façon ambivalente; à la jubilation ressentie à la vision de *Reservoir Dogs* et de *Pulp Fiction* s'agrégeait un indéfinissable sentiment de défaite. De ces souvenirs cinématographiques, je garde spontanément, presque inconsciemment (cela semble s'être produit à mon insu), l'idée d'une période que j'ai confusément assimilée aux « années Tarantino », preuve que l'œuvre de ce cinéaste s'est bel et bien insinuée dans nos vies — je lui reconnais d'autant plus volontiers cette observation qu'elle me servira de base pour élaborer ma critique anthropologique. Au-delà des souvenirs spécifiquement humains qui caractérisent ces années — des souvenirs de spectateurs découvrant l'esprit gore et les dialogues étonnants de ces deux films —, cette période me semble annonciatrice d'une époque qui n'a fait que grossir un peu plus ce sentiment de défaite, accentuant aussi — dans un même mouvement incertain — le floutage de ce ressenti. Cette part autobiographique vaguement mutilée — au sens ou Adorno entend cet adjectif, comme aliénation sourde et indicible — constituera le point d'ancrage de ma réflexion, le point de départ d'une sorte d'enquête se fixant de résoudre ce qui n'a pu l'être durant des années. Je précise que, suivant la démarche de l'anthropologie, je me servirai exclusivement de matériaux linguistiques, soit des énoncés recueillis lors de conversations ordinaires au sujet de *Kill Bill*, des souvenirs de propos entendus et qui, au fil du temps, ont agrégé cette réflexion.

Au sujet du synopsis de *Kill Bill*, un extrait de l'article Wikipédia m'épargnera un résumé du film qu'au demeurant, tout le monde ou presque connaît :

« Dans la petite chapelle de Two Pines perdue au milieu du désert, à El Paso, alors que se déroule la répétition d'une cérémonie de mariage, des assassins surgissent et tirent impitoyablement et sans raison apparente sur toutes les personnes présentes. La Mariée, incarnée par Uma Thurman, qui est enceinte, survit à ses blessures mais sombre dans le coma. Toutefois, la Mariée n'est pas une personne ordinaire. Autrefois tueuse à gages dans une organisation secrète, le Détachement International des Vipères Assassines, elle est une combattante hors pair. Sortant du coma quatre années plus tard, elle n'a plus qu'un seul but, se venger de ses anciens complices, dans lesquels elle a reconnu les assassins de Two Pines, et surtout, tuer Bill, leur chef, qui est également le père de l'enfant qu'elle portait et qu'elle a perdu suite à l'attaque dans la chapelle. »

Partant de ce scénario pour le moins simple inspiré de *Lady Snowblood* (1973) de Toshiya Fujita, *Kill Bill* propose une succession de combats sur le mode du jeu vidéo contre des ennemis de plus en plus puissants — Elle Driver, O-Ren Ishii, Vernita Green, et, bien entendu, Bill — même si la mise en scène ne respecte pas cette gradation emphatique. *Kill Bill* serait donc *a priori* un film de vengeance, quasiment sur le mode du *Rape and Revenge*, sous-genre du cinéma d'épouvante[01], avec, pour motif, le viol de l'héroïne et l'assassinat de son enfant. La vengeance est censée trouver là un élément déclencheur de premier ordre. Le cinéma a au demeurant toujours su tirer parti de la dynamique de la vengeance en jouant de l'ambivalence entre une ligne d'action individuelle et l'impuissance d'une justice communautaire. Des films promoteurs de l'autodéfense de Charles Bronson jusqu'à *La Source* d'Ingmar Bergman (la vengeance comme fondement

01 — Concernant ce sous-genre, il faut citer, entre autres, *La Dernière Maison sur la gauche* de Wes Craven (1972), *I Spit on Your Grave* de Meir Zarchi (1978), *L'Ange de la vengeance* d'Abel Ferrara (1981), *La Maison au fond du parc* de Ruggero Deodato (1980).

— paradoxal — du besoin de communauté), le cinéma a toujours cherché à mettre en scène ces interstices flottants de l'agir humain. Que l'on songe pour s'en convaincre à *Délivrance* de John Boorman (l'impuissance de la justice collective à s'immiscer dans les bas-fonds de l'espèce humaine), à *La mariée était en noir* de François Truffaut (l'amour comme matériau consubstantiel de la vengeance), à *Que la bête meure* de Claude Chabrol (la vengeance comme seule et vaine réponse au visage du mal), à *Impitoyable* du républicain Clint Eastwood (la vengeance comme thérapie du deuil), aux *Diaboliques* d'Henri-Georges Clouzot (la vengeance au féminin), plus récemment au très troublant *The Woman* de Lucky McKee (la vengeance primitive contre le patriarcat comme solution finale), à *The Devil's Rejects* de Rob Zombie (comme acte vain et pathétique, vidé de sa substance), ou encore à *Straw Dogs* de Sam Peckinpah (l'illusion de convictions opposées à la vengeance). La force de ces films est de plonger le spectateur-citoyen dans un état de trouble où le désir de vivre ensemble ne tient plus, où le dérèglement devient la norme, où l'anomalie d'une solution individuelle produit étrangement du sens afin de mieux révéler les limites de l'ordre social. Ces ambivalences guident en règle générale la mise en scène de ces films. De fait, dire que la vengeance est un bon moyen pour scruter les tréfonds de l'âme humaine semblera relever du lieu commun. Pourtant, c'est à ce stade que *Kill Bill* déroge à cette perspective pour y substituer ce que j'identifierai pour l'instant, faute d'approfondissements, comme une forme de défaite incorporée dans la culture de l'époque. Quelques signes, cependant, s'imposent. Il suffit de regarder Uma Thurman évoluer dans sa combinaison jaune mouchetée de sang, sabre aiguisé à la main, le visage limité à un jeu d'expressions élémentaires. La promotion du film assurée par Wikipedia nous informe qu'elle incarne une héroïne cynique et violente. Bien, mais ce jeu d'acteur semblera aussi très lisse. Dotée d'une ligne d'action unidimensionnelle, la composition d'Uma Thurman désamorce d'emblée la portée éventuellement ambivalente de l'acte de vengeance. À sa décharge, dans la mise en scène, il n'est prévu nulle part de laisser entrevoir l'ombre d'une gêne de cette sorte : la Mariée ne fait rien d'autre que de se venger ; nulle part elle n'interroge le fondement de l'acte de vengeance (la seule rupture comportementale intervenant à la fin du Volume 2, lorsque la mère, retrouvant sa fille, quitte son masque pour éprouver ultimement une émotion). Sans doute convient-il de ne pas confondre ici la soi-disant « épure de la mise en scène» avec une mise en scène qui, en réalité, repose sur une absence de sens implicite. Si, dans les films cités plus haut, le désir de vengeance peut générer des personnages univoques, entièrement absorbés et orientés par ce désir, la mise en scène favorise en général la perte du « héros » dans des zones d'ombres qui troublent puis reconstituent le point de vue du spectateur. Or, dans *Kill Bill*, la mise en scène, en déroulant l'omniscience du point de vue de la vengeresse, ne se focalise pas sur des zones d'ombres mais sur des ennemis à abattre, créant une narration articulée autour de figures-icônes, soit des repères sursignifiés.

Bien sûr, Tarantino n'a pas d'autre ambition, clame-t-il à longueur d'entretiens, que de produire un divertissement pur et de qualité — ce qui semble être l'ambition ultime d'un cinéma dit *mainstream*. S'il élude tout contexte sociétal, il faudrait même se montrer étonné de suggérer une telle critique. Le malaise civilisationnel ressenti par le spectateur au visionnage de *La Source* semble lui faire absolument horreur. Lui, privilégie ce qu'il tient — c'est son ambition d'exégète iconoclaste du cinéma — pour un jeu de transgression de codes esthétiques et, plus encore, culturels. À l'ambivalence et à la profondeur du thème, il substitue un jeu prétendument jouissif (vendu comme tel) de transgression formelle. Certains défenseurs du cinéma de Tarantino trouveront cette critique injuste au motif de cette jouissance, précisément. Mais un tel argument ne tient pas cependant, eu égard à l'épistémologie qu'il porte, qu'on le veuille ou non.

Puisque j'avance peu à peu dans cette clarification, je peux dire que ce parti pris formel colore la période de ma vie évoquée plus haut. Il me revient que dans ce cinéma, le sentiment de jubilation n'advenait véritablement jamais. On se tuait et on dialoguait à tour de bras, mais les logorrhéiques et les morts sentaient l'air de la défaite parce qu'ils paraissaient réduire à rien — à des affectations, à des caprices — les thèmes cinématographiques qui, par défaut, semblaient appartenir à une autre époque. Il en va de même pour *Kill Bill* où se produit une diversion de la vengeance comme thème cinématographique (comme scrutation des ambiguïtés de l'âme humaine) vers sa parodie puis, immanquablement, vers sa neutralisation ; de bout en bout, le spectateur-citoyen est pleinement apaisé et rassuré. La dérision peut bien sûr constituer une posture à part entière, une réponse épistémologique à une modernité devenue infréquentable, en somme une transgression. C'est l'argument de Tarantino lui-même : braquer le vieux commerce du cinéma, le traumatiser à coup de références refoulées (le cinéma d'exploitation afro-américain, les films de kung fu, les films de zombies). Le cinéma des modernes trop respectables (Kurosawa, Welles, Bergman[02]) serait ainsi renouvelé de façon radicale. Voilà pour l'intention. Demeure l'expérience proposée au spectateur de rompre purement et simplement avec ce qu'Adorno nommait, au sujet du roman (mais cela vaut pour le cinéma), une « représentation de l'essentiel », soit le « conflit entre les hommes vivants et leurs conditions de vie pétrifiées ». Cette « épopée négative[03] » constitue en dernier lieu une quête de l'essence même de la condition humaine, ce que *La Source* ou *Straw Dogs* ne cessent de décliner. Dans *Kill Bill*, il faut oublier une telle ambition, et c'est précisément cette destitution de l'essentiel qui grince dans l'esprit du spectateur, avec ce bruit gênant de sale petite mécanique.

L'inoculation du sentiment de défaite que je traque trouve ici un premier élément indiciaire. Le désamorçage de la vengeance comme thème cinématographique moderne trouve des éléments d'explication dans la surabondance très hétérogène (c'est le moins que l'on puisse dire) des références plus ou moins explicitement citées dans *Kill Bill*. Ce principe esthétique de l'hyper-référenciation cinématographique, musicale et historique, vampirise tous les plans. Les combats du restaurant-club musical, où chantent les néo-punkettes rockabilly de The 5.6.7.8's, finissent en ombres chinoises (sic) à la mode clippée des années 80. Toutes les scènes semblent ainsi fonctionner sur ce principe de l'hyper-référenciation en couches. « Tarantino s'est fait plaisir, et nous fait plaisir, avec son dernier jouet », c'est ce que disent les critiques non spécialistes les plus laudateurs. Un bon indicateur de ce « principe de plaisir » nous est donné par la BO du film. Outre Johnny Cash, Ennio Morricone, Quincy Jones, Malcom McLaren et Nancy Sinatra, nous trouvons le rockabilly Charlie Feathers, le compositeur pur western spaghetti Luis Bacalov, Bernard Herrmann, compositeur d'Orson Welles et Hitchcock, le rappeur RZA, le soulman Isaac Hayes, le trompettiste

02 — Nicolas Vieillescazes, « Le cas Jameson, ou le retour du refoulé » (préface à Fredric Jameson, *La Totalité comme complot*, Les Prairies ordinaires, 2007).
03 — Theodor W. Adorno, *Notes sur la littérature*, trad. S. Muller, Flammarion, 1984.

et compositeur du thème du *Frelon vert*, Al Hirt, le métal FM de Tomoyasu Hotei, la pop baba de Santa Esmeralada, les punkettes japonaises The 5.6.7.8's, la variété nippone de Meiko Kaji, le virtuose de la flûte de Pan Gheorghe Zamfir, les krautrock de Neu!, les rockers de The Human Beinz ou encore Keith Mansfield, auteur de génériques de télévision — et de films d'entreprises. La liste est longue et fastidieuse, mais elle mérite d'être rappelée dans la mesure où la succession de combats ne vaut que par ses bandes musicales, le combat avec O-Ren Ishii, la reine de la pègre, constituant une sorte de sommet, mêlant musique de variété japonaise et flamenco (?). Il faut donc affiner ce qui a été dit plus haut: les combats sur le mode du jeu vidéo ne constituent qu'un premier élément de mise en scène; dans *Kill Bill*, ce sont les séquences de références recyclées, délimitant les séquences de combats, qui produisent véritablement la mise en scène, comme si les combats devenaient prétextes aux fonds musicaux, comme si la vengeance de la Mariée elle-même devenait prétexte à réécouter la musique de Al Hirt ou Isaac Hayes.

Les références au cinéma reposent sur la même logique inféodant la mise en scène de la vengeance, mais ici sur deux registres: des références explicites (films d'arts martiaux, westerns spaghetti, films de sabre japonais, cinéma d'action hongkongais, films gore de Takeshi Miike) et d'autres plus implicites: encensé par la plupart des revues critiques, Tarantino n'oublie pas de citer certaines œuvres majeures du cinéma, (*Citizen Kane* d'Orson Welles, *Un flic* de Jean-Pierre Melville, *Wings of Eagles* de John Ford et, bien sûr, *La mariée était en noir* de François Truffaut), mais sans oublier non plus les téléspectateurs que nous avons été (pour preuve la présence de David Caradine qui tint jadis le rôle principal dans la série *Kung Fu*, celle de Kenji Ohba revenu des ténèbres des années 80 où il interprétait le rôle d'*X-OR*[04]). La mise en scène repose aussi sur cette superposition de strates référentielles explicites et implicites proposant au spectateur une mise au point qui n'a plus pour objet les zones d'ombres du thème moderne de la vengeance, mais ces deux dimensions de références. Dit autrement, une trame de

04 — Cette fétichisation de codes esthétiques passés se trouve exacerbée dans la reprise de codes vestimentaires, tels la combinaison jaune que porte Uma Thurman, copie de celle de Bruce Lee dans *Le Jeu de la mort*, ou encore les masques que portent les 88 fous, copies de celui du même Bruce Lee dans le *Frelon vert*.

codification de références se substitue à la trame philosophique de la vengeance. De là sans doute cette impression que, dans *Kill Bill*, du cinéma se produit, mais à vide. Ainsi, les passages de combats ou les scènes en animation manga nous plongent dans un état immédiatement identifiable (film de Kung Ku et film d'animation japonais à la façon de *Ghost in The Shell*), avant que, un peu plus tard, la tunique du frelon vert vienne réveiller une image mnésique enfouie. C'est par ces usages du décalage de la référence-fétiche que *Kill Bill* opère le déplacement du thème de la vengeance comme scrutation de l'âme humaine vers la neutralisation de cette posture, produisant par là une codification culturelle propre à l'époque et — j'y reviens comme un chien sur son os — ce sentiment de défaite qui semble vissé à elle.

Quant à analyser cette boulimie de codes se référant au « pur plaisir » et au « pur divertissement », il faudrait aujourd'hui entreprendre une histoire culturelle capable d'identifier l'acte de naissance de telles expressions comme slogan de cinéma. Une telle étude permettrait de comprendre quand apparaît la perspective d'un divertissement qui, tout en n'interdisant pas une certaine « érudition » (autre gimmick des « critiques non critiques » des films de Tarantino), officialise un dépassement culturel de la quête philosophique qui caractérise la modernité cinématographique. Ce postmodernisme se limiterait à l'articulation de « concepts médiatiques » — évoqués par Jameson au sujet de *Videodrome* de David Cronenberg — autrement dit, à des commentaires sur les rouages de l'époque, éludant derechef toute possibilité de penser autrement et surtout plus profondément le monde social. Le postmodernisme qu'incarne le cinéma de Tarantino, par des effets d'hyper-référenciation, remplit effectivement une fonction d'éteignoir de cette dissonance qui permet la mise en scène cinématographique et philosophique du thème de la vengeance. Ce que sapent *Kill Bill* et tous les autres films de Tarantino, c'est cette expérience moderne de cinéma permettant d'éprouver, dans l'anomalie et dans le dysfonctionnement, les faiblesses latentes de l'ordre social. *La Source* de Bergman en offre une illustration admirable en montrant de façon traumatisante comment tout embryon de religion (Bergman situe l'action du film entre le paganisme et le christianisme) et, par là, de civilisation, est originellement inscrit dans la vengeance et dans la haine de l'autre — le crime devenant expiation, puis église, puis Église. Le remake de *La Source* par Wes Craven, *La Dernière*

Maison sur la gauche, reprendra le thème de la vengeance pour le situer, de façon encore plus violente, dans une société nord-américaine qui envoie sa jeunesse mourir au Viet-Nam au nom d'insondables intérêts. Craven ne transige pas avec les enjeux bergmaniens; il s'agit encore de perdre le spectateur dans les affres de sa conscience pour révéler les fondements viciés de l'Occident. En déplaçant les mêmes thèmes, en les recontextualisant, ce *remake* nous rappelle au passage les liens étroits entre le cinéma et l'Histoire. À cette expérience fondatrice du vécu du spectateur, Tarantino substitue un registre non dissonant, archivé, muséographié. Pour revenir à *La Source*, le spectateur est happé par la scène du viol de Karin et par l'acte de vengeance de son père. C'est ce trouble, ce déplacement et cette refondation de repères moraux qui vont l'amener à se confronter à une quête essentielle de l'espèce humaine, à s'y projeter pour se transformer, opérant par là une expérience philosophique « moderne » au sens où l'entend Jameson[05]. *Kill Bill* opère à l'inverse, par une mise à distance du spectateur qui rend caduque toute forme d'expérience mimétique. Il n'est nulle identification projective dans *Kill Bill*, mais la proposition de consommer purement et simplement sa part de références-plaisir. Ce cinéma-là n'oppose pas à une « quête de l'essentiel » une quête du superficiel; de façon bien plus insidieuse, il légitime le démantèlement de cette « quête de l'essentiel », à laquelle il substitue des références prétendument jouissives, mais sans jamais aboutir à un résultat qui éluderait ce sentiment de défaite.

Car la prothèse ne vaut pas la chair. On ne jouit qu'à moitié (donc pas du tout). *Kill Bill* se consomme comme un double exutoire, qui jugulerait notre excédent d'angoisses en vidant simultanément le contenu philosophique du cinéma — un peu comme le jeune cadre pressuré se saoule à l'apéro, qu'il croit libérateur, du vendredi soir. Le résultat produit ce si singulier sentiment de défaite où l'on jouit, mais *pour perdre*, ce qui pourrait constituer le mot d'ordre de l'époque: « (faussement) jouir pour (vraiment) perdre ». Ce singulier sentiment de défaite réside dans l'impression de participer en actes à la trame même de la vie mutilée, autrement dit au travestissement de repères expliquant la condition humaine en stimuli de substitution. Tarantino a expliqué dans une interview vouloir emmener les personnages de ses

05 — Cf. *La Totalité comme complot*, *op. cit.*

films où il le voulait et quand il le voulait. Certes, mais toujours dans des zones à ses yeux fréquentables, c'est à dire protégées de la philosophie et des façons ordinaires de la convoquer pour se l'approprier, une zone où le spectateur, si impressionné soit-il par « la dernière référence *hype* » (pour reprendre en le parodiant le jargon des critiques culturels branchés), ne peut pas pratiquer le cinéma comme « percée dans son expérience [06] », mais comme façon de supporter la neutralisation de cette expérience, neutralisation compensée par cette boulimie de références érudites ou compilatoires (n'y a-t-il pas, sur ce point aussi, un autre travestissement, si l'on admet que « l'érudition » est ici limitée à des références censées procurer du plaisir ?).

J'en connais qui n'iraient pas plus loin, et je les entends déjà : le cinéma de Tarantino reste du cinéma, et mérite à ce titre d'être abordé avec la bienveillance sérieuse et informée du cinéphile. Peut-être, mais pour analyser au plus près ce sentiment de défaite, il ne faut pas nier ce que cette posture cinématographique comporte d'épistémologie, tant par ce qu'elle propose que par ce qu'elle s'interdit de proposer. Quant aux effets de cette esthétisation sur-référencée, ils ne sont assurément pas réductibles à la seule sphère du cinéma. Une critique anti-Tarantino, de nouveau entendue dans des conversations ordinaires, concernant le pillage en forme d'hommage, est en partie fausse, ou incomplète. Lui reprocher d'être un plagiaire semblera en effet bien pauvre au regard des enjeux épistémologiques inhérents au cinéma. Dans *Kill Bill*, le thème de la vengeance n'est pas seulement vidé de son potentiel « philosophique ». Il faut voir plus loin et comprendre comment l'ersatz de ce thème se confond à dessein avec une proposition de consommation culturelle non dissonante et, par là, non philosophique. Le pouvoir d'attraction de cette proposition tient à la fétichisation des références produisant un double effet de distinction et de communauté ; ce sont ici les amateurs de *Kill Bill* échangeant sur des forums Internet ou « en vrai » avec l'impression de détenir une rareté distinctive. De là découle la tonalité de l'époque et, pour le dire un peu simplement, *sa codification culturelle*. Si *Kill Bill* vide le thème de la vengeance de sa substance, c'est en écho à un accomplissement plus large, qui s'exerce au niveau de registres de discours

06 — Cf. Paul Ricœur, *Temps et récit*, au sujet du pouvoir du texte, Éditions du Seuil.

spécifiques de la vie sociale et privée. Il s'agit bien en somme de comprendre comment le slogan « zéro prise de tête », comme disent les cadres exténués, peut trouver un équivalent cinématographique dans *Kill Bill*.

Je ne soutiens pas, de façon passéiste, qu'il fut un temps où les gens aimaient à sonder de façon spontanée les ambivalences des thèmes philosophiques de la vengeance ou de la mort (en une sorte de joute dialectique), mais que nous avons progressivement été mis en situation de consommer et de reproduire des codes culturels qui, à l'instar de *Kill Bill*, ne nous font plus penser la dimension philosophique de ces thèmes modernes. Nos conversations ordinaires désormais lavées des représentations de l'Essentiel, nous sommes en quelque sorte contraints de produire des conversations standardisées et non dissonantes, soumises à cette injonction du « jouir sans écart ». Que nos paroles empruntent au doute, au malaise, à de l'indicible qui semble pouvoir se dire, et une solution possible s'imposera avec du *Kill Bill* en tube, à passer comme un baume sur ce que vous entrevoyez soudain d'une gravité. L'exigence conversationnelle n'est plus délimitée par ses thèmes, mais par la capacité discursive déployée par chacun, selon sa classe sociale (nous avons plus ou moins besoin de références branchées), à rendre plausible l'élision de ces thèmes.

Le goût de la défaite dont je connaissais l'amertume depuis *Reservoir Dogs* a été maintenant suffisamment exploré pour comprendre comment il fut inoculé dans ce cinéma-là et, par extension, dans la vie ordinaire : entre une injonction de jouissance et les reliquats stérilisés des thèmes de la modernité, l'apprentissage de cette époque et sa logique culturelle nous ont laissés face à notre propre mutisme. Relier Tarantino à cette entreprise de désamorçage global n'implique pas d'en faire un fondateur machiavélique, mais plutôt un actionnaire habile et pour le moins efficace, dont *Kill Bill* établirait une sorte de quintessence de la logique culturelle. Faisant feu de tout bois, du féminisme dans *Boulevard de la mort* au nazisme (ou tout au moins, aux nazis, puisqu'il a horreur des thèmes) dans *Inglourious Basterds*, il participe en effet de cette entreprise d'éradication d'un certain type de questionnement, passé maître dans l'art d'évider la gravité de sa substance.

Notre homme pourrait même sans trop de mal réaliser le *biopic* de Cioran. On l'imagine déjà, sourire aux lèvres, recyclant deux ou trois chansons méconnues de *R'n'B*, quelques productions balkaniques endiablées et oubliées, de la musique mexicaine underground, du jazz *hard-bop* d'un disciple inconnu de Mingus, du cinéma indépendant polonais, une évocation négligemment consciente de celui de Fassbinder, des sosies de Klaus Kinski et de sa fille, du cinéma burkinabé et, pour jouer le rôle de Cioran lui-même, Samuel L. Jackson. Il va de soi que, sur le papier, vous pouvez trouver la commande exagérée. Mais il faut bien comprendre qu'au vu de l'insupportable gravité du vieux philosophe, une stratégie de diversion optimale s'impose.

SURFACE ET POLARITÉS

par Corinne RONDEAU

BOULEVARD DE LA MORT

[2007]

« Comme il m'est difficile de voir ce que j'ai *sous les yeux* ! »

Cette formule des *Remarques mêlées* de Ludwig Wittgenstein pourrait bien être celle du critique de cinéma. L'effort du philosophe porte sur le concept fondamental de « présentation synoptique » qui consiste à « voir les rapports » afin de saisir l'ensemble des relations qui appartiennent à l'usage des mots.

On pourrait s'étonner de voir convoquer le philosophe du langage à côté de Quentin Tarantino. Pourtant, la comparaison peut bien être féconde. En effet, le cinéaste opère selon une double structure : longues séquences de paroles et irruption inattendue d'images violentes. Pour ne retenir qu'une dynamique de Wittgenstein, puisque notre objectif n'est pas de philosopher sur *Boulevard de la mort*, rappelons que toute description est une description du monde mais qu'elle ne doit pas se confondre avec le système qui y conduit. C'est l'exemple du réseau de mailles dans le *Tractatus*, 6.341 : « Cette forme unique est arbitraire, car j'aurais pu utiliser avec le même succès un réseau à mailles triangulaires ou hexagonales. Il se peut que la description au moyen d'un réseau à mailles triangulaires soit plus simple ; ce qui veut dire que nous pourrions décrire plus exactement la surface au moyen d'un réseau à mailles triangulaires plus grossier qu'avec un quadrillage plus fin (ou inversement), et ainsi de suite. Aux différents réseaux correspondent différents systèmes de description du monde. » Il s'agit de montrer des rapports structurels qui manifestent spécifiquement l'apparition de l'image par la parole. Le monde n'a que des aspects changeants, bien qu'il soit toujours la même chose. Ce qui compte c'est la description, non l'explication, « l'entreprise même d'une explication est un échec », écrit-il au début des *Remarques sur* Le Rameau d'or *de Frazer*. Selon l'idée que la description est un jeu de langage, et qu'il n'y a rien d'autre qu'un effet de surface permettant d'apprécier les aspects changeants d'une même chose, *Boulevard de la mort* pourrait bien être deux visions d'une même chose, d'autant que le film est organisé en diptyque. Un volet où le meurtre a lieu la nuit, un second où la vengeance s'exhibe le jour.

Ce film, souvent considéré comme le plus faible de son auteur à cause de son excès jouissif concentrant le commentaire sur les plaisirs de la roue libre et de sa gratuité, est, semble-t-il, celui qui met à nu le régime même de la production tarantinienne. C'est qu'il est difficile de « voir », lorsqu'on y voit seulement le jeu des outrances pulsionnelles et des citations du *Grindhouse*, réseau de mailles qui empêchent de livrer ce qu'est le monde filmique de Tarantino par une interprétation et une explication subordonnées à des apparences. Si l'on veut « voir », il faut rapporter tout ce qui se tient aux abords des irruptions de violence et de vitesse d'apparition de l'image, pour voir que ça parle. En effet, la structure tarantinienne s'impose à partir de la récurrence de deux perceptions : ses films ressemblent à des films d'action, et ils sont bavards. S'ils « ressemblent » c'est qu'ils n'en sont pas. En effet, ce qu'il faut « voir », c'est la manière dont l'action surgit. Son apparition se constitue dans un rapport aux mots, le bavardage étant comme l'autre face de l'image, ou le réseau de mailles par lequel elle se déchaîne. Ce terme de déchaînement peut être pris au pied de la lettre comme ce qui ne fait plus partie d'un enchaînement narratif. Cependant le mot d'image apparaît problématique au premier abord. Comment un film peut-il faire surgir une image, alors même que c'est sa matière première ? De quelle image parlons-nous ? Au premier abord, on pourrait dire que cette image échappe à l'enchaînement logique des plans. Elle saute littéralement au visage sans crier gare. Elle se distingue des autres images qui organisent la continuité narrative. Cette image qui bondit sur le spectateur se dissocie de ce qu'on nomme action puisque celle-ci est l'aboutissement d'un enchaînement. Cette image c'est la version infidèle de l'image, elle ne parle pas, elle peut être insupportable, elle est toujours vagabonde, elle est le désordre dans l'ordre, elle n'arrive pas quand on l'attend, un peu comme devant une scène où l'on n'a pas le temps de se mettre les mains devant les yeux ou parce qu'on veut voir coûte que coûte. L'irruption de l'image qui est malgré tout concourante à l'action est une image qui nous « fait perdre connaissance », elle n'est plus là pour communiquer, pour nous renseigner. L'image dont nous parlons, où s'inscrit le maximum de violence, d'énergie, d'inventivité, est l'image de la disparition des corps, de leur éclatement à leur dispersion, que ce soit en Chevrolet ou à la lame de samouraï. C'est littéralement au moment où ça tue que l'image bat en passant de vie à trépas. C'est sa réalité la plus dure, et elle ne se confond pas avec l'imagination, sphère des illusions et des divagations. C'est l'image par laquelle la surface filmique explose.

Ce qu'il faut suivre en même temps que la vitesse de son apparition, ce sont les lenteurs qu'imposent les dialogues au rythme du film. En effet, Les mots transforment ce qui se produit à la surface de la pellicule et l'on ne « voit » jamais que la manière dont les jeux du langage organisent l'irruption de l'image. C'est à ses jeux du langage que nous nous consacrerons, afin de manifester la valeur irruptive de l'image et la façon dont Tarantino fait dérailler la continuité narrative. Il faut donc traverser les apparences pour « voir » une structure.

Des pieds, des cuisses, des fesses, un corps de fille, des *girls* et un *fucking piss*. Voici le générique de *Boulevard de la mort* entrecoupé de scènes de voiture, l'une en ville, espace des *girls*, l'autre sur une route de campagne, espace d'un conducteur rapide et sauvage au vu de la vitesse et de la tête de mort sur le capot de sa voiture. Des corps et des voitures. On pourrait résoudre le sens du montage parallèle de départ comme la combinaison de la fragmentation du corps de chaque plan, du rythme de leurs enchaînements et de l'attente d'une rencontre des espaces. Ces trois éléments associent l'envie pressante qui monte les escaliers, le fessier qui conduit à la fenêtre d'où on lance, « on ne peut pas être en retard », à quoi répond la nonchalance cigarette au bec d'un « on ne le sera pas ». C'est que les trois *girls*, Jungle Julia, Arlene et Shanna, ont une balade à faire avant leur première halte.

Une première interruption apparaît à l'écran qui, par une coupe suivie la reprise du même plan, rallonge la lecture des films à l'affiche du Alamo drafthouse : *Heaven Can Wait* et *Gimme Shelter*. Et premier *scratch* discret, on descend un boulevard d'Austin, Texas. Séries de citations, inscription formelle du *Grindhouse*. Nouvelle interruption, Jungle Julia vautrée à l'arrière de la voiture bégaie sur un « qui en a ? ». Commencer par une question qui suppose un sujet (en avoir !) qui n'en a pas (de qui parle-t-on ?). En reprenant deux fois le « qui », le *scratch* de la pellicule a pour fonction de relancer l'ambiguïté du dialogue : *toi ou personne — pourquoi t'en as pas ?* Autant dire que s'il ne s'agit pas d'herbe, on peut supposer un autre mot illicite — ou presque ! Mais le *scratch* crée aussi un avant et un après : Julia fournit généralement l'herbe ; elle n'en a pas aujourd'hui. C'est sur cette absence qu'embraient les dialogues jusqu'au premier rendez-vous chez *Guero's* pour boire des Margaritas et manger tex mex. Jusque-là le groupe de filles qui s'insultent gentiment en organisant leur sortie de fin de journée avant une escapade de week-end au bord d'un lac n'est rien d'autre que le commun des mortelles en vadrouille. Mais cette scène de début de plus de quatre minutes, baladant les points de vue de droite à gauche et variant les cadrages sur le visage des filles, est le point mort de l'action. Point mort qu'on va retrouver tout au long du film puisque Tarantino ne déroge pas à la règle de la logorrhée: elle enchaîne les images, et enchaîne le spectateur, avant d'être fracassée. Le langage a la possibilité de produire des images mentales et la caméra de circuler autour des mots en enchaînant les plans. Simple mais efficace. Tarantino va former des boucles successives autour des personnages selon ces deux modes de narration, procédé déjà présent dans *Reservoir Dogs*. Boucles, au point qu'on ne s'étonne même pas de voir l'essentiel du film se passer dans des habitacles de voitures et des bars. Les mots construisent les lieux, et resserrent autour d'eux l'image inattendue et suspendue à un climax. Autant dire que les dialogues forment une circulation et dessinent un trajet dans le trajet: le point mort de l'action dans les dialogues ressemble à une courroie de distribution qui a pour effet d'intensifier à l'extrême l'image à venir.

Pour plus d'un spectateur, *Boulevard de la mort* a représenté une certaine difficulté, disons plutôt une insatisfaction, à cause de ses dialogues trop longs, trop nombreux, empêtrés dans une *vox populi* à force de *Jesus Christ* et de *mother fucker*. Comme si en arrière-plan on suspectait Tarantino de faire un film sur la débilité des filles et le plaisir fétichiste des pieds, de se vautrer dans l'industrie culturelle du cinéma hollywoodien. Voir les choses ainsi serait s'accorder la faiblesse d'un point de vue qui tournerait autour d'un narcissisme bien graveleux. Pour peu qu'on leur porte attention, les dialogues n'ont rien à envier à l'exquise platitude des dialogues d'un Rohmer, qu'on en juge sur pièce. Jungle Julia et Shanna veulent savoir comment s'est finie la soirée entre Arlene et Nate. « *On s'est paluchés vingt minutes sur le sofa. – Habillés, nus ou à moitié? – Habillés, trois fois rien. – C'est quoi trois fois rien? – Tu sais, c'est tout sauf... – C'est ça "trois fois rien"? – Moi j'appelle ça trois fois rien. – Et les mecs acceptent? – C'est mieux que "rien du tout".* (rires) *– Revenons à ce que vous avez fait, Nate et toi vous vous paluchez sur le canapé, chez lui ou à l'hôtel? – Tu me prends pour une conne?*

Chez moi. – Vous étiez assis ou couchés? – On a commencé assis, on a fini par s'étendre. – Ça se corse, qui était dessus? – C'est moi qui le chevauchais. – Quoi d'autre? – C'est tout, on s'est pelotés un peu sur le canapé puis j'ai dit: "Je vais me coucher il est temps que tu te casses", *il s'est mis à chialer:* "Maintenant?", "Oui maintenant! Allez", "Attends! Et ça?" *J'ai dit*: "Non", "Comment non? Tu sais pas ce que je vais dire!", "Je sais ce que tu vas dire et c'est non", "Comment tu peux dire que tu sais ce que je vais dire?", "Parce que tu vas dire: on va juste dormir ensemble, on fera rien, juste des câlins, on s'endormira côte à côte, on se réveillera ensemble. Alors tu t'en vas, mais on se voit demain."»

Le dialogue passe au monologue, le style direct à l'indirect, le passé au présent. On ne cesse pas de se rapprocher des corps, mais en même temps qu'on les imagine, les mots ne lâchent rien tant que le dominant ne s'est pas révélé dans le dernier mot: «tu t'en vas, mais on se voit demain.» Et si cela ne suffit pas, entamer la pulsion en la foutant à la porte après l'avoir chevauchée reste l'image la plus nette de qui tient les rênes en renversant le stéréotype masculin/féminin.

Les films de Quentin Tarantino sont bavards, excessivement. Non qu'ils soient explicatifs au sens des soap-operas et des blockbusters. Que le bavardage tourne avec les mouvements de caméra n'emporte pas que les images redoublent les mots. La platitude du bavardage ne redouble pas les images car les mouvements de la caméra servent à l'accentuer. Ces mouvements sont *nécessaires* — mot qui plairait à Rohmer — à déplacer ce qu'on voit, ou à créer un autre espace de l'image, ils permettent à l'image de se manifester. Tarantino a trouvé le moyen d'optimiser et de décaler l'action qui est le surgissement de l'image infidèle par circulation de la parole. Il ne cherche pas à creuser la parole mais à la faire tourner sur différents niveaux de conversation en retardant ce qui va se passer, parfois jusqu'à épuiser l'attente du spectateur. Se faisant, il maintient l'image à la surface pour mieux surprendre le spectateur.

Sauts, chapitrages sont des ordonnancements spécifiques et communs à des films qui exhibent l'importance du rapport entre découpage et montage. Rapport qui a permis de relever dès *Reservoir Dogs* la qualité spécifique de l'écriture de Tarantino, ceci au point de rendre dominant le découpage sur le montage. Il faut interroger cette manière de faire et de montrer à partir de ce bavardage quasi ininterrompu qui vide apparemment le contenu visuel, et repousse la violence pour mieux la faire survenir « comme un seau d'eau au visage ». Par le bavardage, Quentin Tarantino vise l'irruption de la violence qui est en fait la face active de l'image, quand les dialogues en sont sa face passive, le film s'organisant sur leur rapport dialectique avec des jeux d'inversion des polarités en tout genre. Le cinéaste cherche à fracasser la logorrhée, et le fait sur le registre de l'inattendu, alors que les films d'action n'ont guère d'autre pouvoir pour cela que celui de nous agresser par un rythme effréné. Pour atteindre cette violence impérieuse, le bavardage est toujours premier et l'image mise en attente, comme le seau d'eau au-dessus de la porte. Fi des développements, on est là sur un mode méchamment burlesque. Le bavardage élude l'image pour la rendre à son irruption propre. Ce qui arrive est d'autant plus brutal : contracter le récit dans une image, éliminer tout dénouement et donc toute causalité de l'action, pétrifient le spectateur par une décharge d'adrénaline, comme c'est le cas d'une scène devenue culte de *Pulp Fiction*. S'égarant dans la conversation, Vincent Vega (John Travolta) d'un geste *a priori* sans conséquence, et « sans faire exprès », dessoude Marvin à l'arrière de la voiture. Un défaut de l'asphalte aurait fait partir le coup, enchaînant le vif du dialogue sur la présence ou l'absence de bosses sur la route. L'affirmation « j'ai flingué Marvin » interrompt la dialectique de la conversation, comme quelques minutes plus tard la manière de bien se laver les mains ou de simplement les rincer transforme le torchon en « tampax géant », car c'est avec « ce genre de conneries qu'on fait tout foirer » . Et c'est justement parce que ça foire que l'action surgit et que les mots montent au créneau, que l'image est irruptive. Les mots la resserrent pour mieux la rendre explosive en tant que surface, les éclats de sang sur la lunette arrière en offrent l'indice.

On peut dire, sans trop exagérer, que fracasser la logorrhée consiste à identifier la manifestation de l'image sur son pôle actif, ce qu'on qualifie trop hâtivement d'action. Fracasser la logorrhée permet le passage d'une surface à une autre, celle des mots qui empêchent de pénétrer l'image et celle de l'image explosive à la surface, qui déplace l'action. Tarantino suspend longuement l'image par des conversations à un « y a rien à voir » que forme la ritournelle des mots, jusqu'à un « tu vas voir ce que tu vas voir » qui est une déflagration de la surface. C'est la raison pour laquelle ses films sont des antithèses du film d'action :

torsion d'apparence, ça ressemble à un film d'action mais ce n'est pas un film d'action, c'est un film de paroles qui visent l'irruption de l'image elle-même, follement excessive et énergétique.

Le cinéma de Tarantino emporte une problématique : ses hommages citationnels visent moins le nouveau que le renouvellement. En se greffant sur la polarité du vice et de la vertu constitutive du cinéma classique, il libère derechef de nouvelles polarités tout en rappelant à lui la tradition américaine de la prédication. Avec son goût des versets bibliques, qui représentent sans doute l'une des caractéristiques les plus prégnantes de la culture américaine, Tarantino réaffirme qu'on est puni par où l'on a péché. Rappel de la loi du talion : « Mais si malheur arrive, tu paieras vie pour vie, œil pour œil, dent pour dent, main pour main, pied pour pied, brûlure pour brûlure, blessure pour blessure, meurtrissure pour meurtrissure » (Exode XXI, 23-25).

Boulevard de la mort n'a pas fini son premier dialogue, scandé par trois cris de joie chaque fois que Jungle Julia apparaît au bord de la route sur des affiches publicitaires qui promeuvent son charisme radiophonique, que la voiture disparaît au début d'un virage à la faveur d'un nouveau *scratch*. La route revient sur la Chevrolet Chevy Nova 1070 Super Sport de celui qui se révèlera être Stuntman Mike, Mike le cascadeur — et serial killer. Cette disparition est l'écho de *Vanishing Point* de Richard C. Sarafian, cité à plusieurs reprises par les personnages. Course poursuite et fuite en avant d'une existence qui étire l'introspection de Kowalski, son personnage principal, jusqu'au choix ultime de la désintégration dans sa Dodge Challenger blanche 1970, moteur 440 : deux pelleteuses accueillent au pays des bouseux la violence lancée à toute berzingue, transformant l'utopie américaine en bombe humaine. Avant de s'écraser sur ce mur d'acier qui sera la seule frontière infranchissable, le visage de Kowalski offre le sourire d'un homme qui se libère d'une vie passée, et que les flash-backs avaient fait saillir pendant qu'il traversait les États, la police à ses trousses. Ce n'est pas la loi qui l'arrête, et d'ailleurs les pelleteuses ne l'arrêtent pas, il a déjà disparu, bien avant la fin du film. Logé dans sa Dodge Challenger, il est dès le début, où sa voiture disparaît sur cette même route, le fantôme de l'utopie et des désirs anéantis. Dans le pays où tout est possible, le possible arrive selon deux voies : la liberté — accepter la disparition, *vanishing point* — ou la vengeance — refuser la disparition, on peut appeler ça l'injustice qui fait naître les justiciers solitaires, que l'on retrouve comme un leitmotiv dans les films de Tarantino. Pour *Boulevard de la mort*, il utilise *littéralement* la structure du film de Sarafian : la scène du début est aussi celle de la fin, l'un et l'autre se rejoignant selon deux trajectoires, la disparition au début et la désintégration à la fin.

En reprenant la structure double de Sarafian, il déroule la ronde des polarités du cinéma classique qui divise le bien et le mal. On est en droit de le penser puisque *Boulevard de la mort* va opérer des inversions du passif et de l'actif : de filles qui ne se laissent pas faire par les garçons tout en restant vulnérables à des filles « qui en ont » suffisamment pour transformer le sadique en femmelette. Par ailleurs, la citation du film de Sarafian n'est pas liée à son classement en tête des *road movies*, mais constitue un enjeu structurel des deux trajectoires qui sont les bords du film (disparition au début et désintégration à la fin), et dont le point d'acmé est l'image de leur mise en relation. Cette image n'est pas présente en elle-même, elle est convertie en réseau de mailles de l'histoire du cinéma : c'est un film de cinéphile parce qu'il donne à voir d'autres films, un film dont l'image met au monde conjointement la disparition et l'explosion, l'absence et la présence.

On ne peut s'étonner dès lors que par un autre tour, Tarantino fasse appel à Kurt Russell pour incarner le rôle de Stuntman Mike. Capable de remarquables variations de ton et d'expression, l'acteur renoue ici avec le côté hypercool de Snake Plissken qu'il incarnait dans *Escape from New York* (*New York 1997*) et *Escape from L.A.* (*Los Angeles 2013*) de John Carpenter. Le prédateur qu'il incarne passe tout entier dans une dialectique du voir et du regard. Après le bavardage des filles dans la voiture, la présence de Stuntman Mike se réduit à un œil qui a déjà capturé sa proie. Tarantino ne cesse d'y insister par un gros plan, et par la balafre sur son œil gauche qui court sur sa joue, marque sans conteste d'une pulsion scopique... puisqu'on est toujours puni par où on a péché !

La rencontre entre personnage masculin et féminin se fera sur le mode de l'inversion : Arlene, la fille qui se fait respecter, va se faire accrocher par notre cascadeur. Tarantino procède au rapprochement du plaisir scopique et des paroles par le sens dramatique du jeu des acteurs et du champ/contrechamp : un homme et une femme se parlent, et ce sera bien la seule fois du film. C'est dans ce dialogue que le chasseur prend la proie dans ses filets. Arlene a peur non de sa balafre mais de sa voiture. « Désolé, c'est la voiture de ma mère », répond-il en Norman Bates émancipé. Dans une conversation qui tourne à la faveur de Mike, dont la virilité dévoile la faiblesse de la vanité féminine, Arlene cède à la demande d'une *lapdance*. La tension semble s'achever, tout le monde peut rentrer, et comme promis Stuntman Mike embarquera Pam. Après avoir fait l'éloge des films cultes des années 1970, dont *Vanishing Point* et sa Chevrolet Chevy à l'épreuve de la mort, comme toute voiture de cascadeur sûre à 100%, Pam découvre son siège dans la « boîte à accident », espace où l'on place la caméra pour filmer la cascade de l'intérieur. Ce cube de verre et de métal n'est pas seulement un lieu privilégié de vision, il est explicitement le lieu où va se déchaîner la violence selon une topologie qui sera redoublée par les paroles de Stuntman Mike. Avant de monter dans la voiture, Kurt Russell lance un regard et un sourire de contentement absolu vers la caméra, comme pour dire : « On va bien s'amuser. » Et le jeu peut commencer au bout du parking : « Alors Pam, de quel côté tu vas, à gauche ou à droite ? – À droite. Mauvaise réponse ! Comme t'as choisi la droite, tu devras, hélas, avoir peur tout de suite », dit-il en tournant la tête vers Pam sur une musique nécessaire à accompagner l'effroi, comme on le voit dans les yeux de notre blonde qui va passer du déclin au trépas. Pendant presque quarante minutes, Tarantino a resserré les mots et les images en nous baladant d'un personnage à l'autre, d'une discussion à l'autre, jusque dans cet habitacle de torture. La scène, particulièrement efficace, constitue l'un des sommets de l'« homicide véhiculaire », bien qu'elle ne soit qu'un amuse-gueule nous préparant à la séquence suivante. Pam en état de commotion, après des allers retours contre les vitres de « la boîte à accident », lâche, après les insultes, la plainte des victimes qui savent qu'elles n'ont plus rien à perdre : « C'est un gag, je ne dirai rien. » Et comme les mots accompagnent d'une manière ou d'une autre la violence, il faut repasser une couche de sadisme : la voiture est à l'épreuve de la mort mais pour en profiter, *il faut être à ma place.* Nouveau regard vers Pam, c'est l'assaut d'un dernier et fatal coup de frein. On pourrait reprocher à *Boulevard de la mort* de ne pas avoir la virtuosité de *Reservoir Dogs*, où la violence est reportée, déplacée, non montrée à cause d'une structure narrative non linéaire, car le problème n'était pas le casse, raison pour laquelle on ne le voit pas. Mais on aurait tort de lui faire un tel reproche car ce que vise Tarantino, c'est justement le spectateur. Avec *Boulevard de la mort*, cette boîte est le réservoir des pulsions offertes au spectateur qui sera lentement édifié par les mots avant d'y prendre place.

Gauche ou droite? Ici la route n'est pas à parcourir en exhibant des lignes de fuite au désert, mailles lâches d'une existence qui se cherche, mais la réinscription des corps, resserrage du maillage tel un piège. Et ce corps qui se balade comme un pantin sur la pellicule de la boîte à images expose littéralement l'impensable du *road movie*: le lieu utopique par excellence, c'est la mort. Tout l'enjeu de Tarantino est de la convoquer en image irruptive: si la disparition des corps doit avoir lieu, c'est aussi par les corps qu'elle doit s'exhiber. C'est exactement le principe de l'image: elle se montre dans une forme de retrait. On est marqué par le fait que l'action se passe à l'intérieur, enfermée, prise au piège. Ce double mouvement de l'image infidèle, et que les personnages féminins exaspèrent, a tendance à manifester et à circonscrire par les mots une image de surface qui pourrait bien être un désir d'image pure, l'invisible inaccessible et impossible à capturer. L'image infidèle est aussi la femme qu'on veut à tout prix même si, ne pouvant l'avoir, on préférera justement la sacrifier. Sans doute le *road movie* visait-il le non-lieu en déployant moins la géographie que l'intériorité comme structure même de l'image, partout et nulle part. Le *road movie* est ici renversé par le changement des polarités, comme on peut inverser le sens de la route pour remonter jusqu'aux corps: c'est à contre-sens qu'il fonce sur la voiture des *girls* alcoolisées à souhait. C'est le récit mythique du *road movie* rendu à son spectacle. C'est le désordre du monde intégré et conjuré sur la pellicule. *Il faut être à ma place* est la position que le réalisateur lance à son spectateur, «prends ton pied!». C'est tout l'intérêt de ces références et citations qui tordent le cinéma américain dans une phase mythique pour mieux en dégager le spectacle, c'est-à-dire un nouveau rapport entre l'écran et le spectateur. Comment les corps apparaissent-ils et disparaissent-ils? Question élémentaire mais fondamentale. La boîte à accident explicite le goût du cinéaste pour le champ/contrechamp, à la fois dans la position des corps dans la voiture, et parce que le jeu des mots et le mouvement de la caméra font le va-et-vient d'un regard à l'autre. *Être à ma place* signifie que quelque chose passe à travers ce qui les sépare, objet d'une surface vitrée : si le corps des femmes est objet de jouissance scopique, il est évident que ce qu'on voit d'elles se détermine comme un « avoir » jusque dans leur perte d'« être ». La boîte à accident est faite pour se remplir et se vider du corps. Elle est inventée pour faire exploser la surface et libérer l'image irruptive. Comme l'instant de violence que la caméra enregistre pendant la cascade. Cette opération de transfert court jusqu'au spectateur. Et si ça bavarde autant en restant à la surface, c'est pour faire place nette. En définitive ça parle de disparition pour mieux la montrer par explosion.

La forme en diptyque de *Boulevard de la mort* accentue l'opération de transfert. Boucle parfaite de la morale du talion : celui qui jouit de ce qu'il voit en sera puni, or cette jouissance scopique passe entièrement du côté du spectateur, et cela jusqu'à l'ivresse dans la deuxième partie. La première partie s'achève nuitamment avec la préciosité des éclairages sur les corps en dispersion — accident qui passe et repasse, la mort qui aime les filles *cool* châtie bien au ralenti : sectionnée, la jambe de Jungle Julia à la fenêtre vole dans les airs, Shanna sans ceinture à l'arrière valdingue en *canon ball*, Lana-Franck s'éclate au volant au milieu des éclats de verre qui flottent dans les airs, et Arlene bien attachée reste en place, le visage ravagé par une roue trop languissante, baiser de la mort. Mise en série des corps, comme juste avant l'accident Jungle Julia tourne en bouche des prénoms : Dave, Dee, Dozy, Beaky, Mitch and Tich, par deux fois. Jolies sonorités qui forment un dernier petit cercle dans l'habitacle avant que Stuntman Mike l'explose. Petite ritournelle avant le grand carnage. Il n'est pas négligeable de se rappeler que notre cascadeur-serial killer allume ses phares juste avant chaque collision : bien voir c'est être bien vu, en l'occurrence du spectateur. Le deuxième volet, la vengeance, aura lieu de jour.

Avec *Boulevard de la mort,* Tarantino peut bien réécrire une version *made in* America d'*Une sale histoire*. Le film de Jean Eustache repose sur un dédoublement : on nous raconte deux fois le même récit sur le mode de la fiction puis sur le mode documentaire. Récit d'un voyeur qui construit dans la durée l'espace mental de l'image, celle d'un trou sous une porte qui se met en abyme d'un sexe féminin.

La parole met en espace. Elle est une architecture. La même parole, selon la mise en scène, offre deux espaces. N'est-ce pas dire, pour reprendre Wittgenstein, que la chose, le trou, ne change pas seulement son aspect. Version Michael Lonsdale, l'espace est mort, joué d'avance. Version Jean-Noël Picq, brutal, revendicatif, c'est l'espace propre à la parole, irruptive, quand celui de Lonsdale plus feutré, jouissif, agite l'imaginaire. Pour la version documentaire, la parole ne quitte pas sa contingence anecdotique, le problème reste ce qu'il a vu. Pour la version « théâtrale », l'anecdote est contrôlée au point de se dissoudre : le problème alors relève moins de ce qu'il a vu que ce qu'il fait voir alors que rien n'est montré du trou sous la porte ou du sexe. Dans le va-et-vient du diptyque se trouve la vérité : fabulation. « Le véritable mérite d'un Copernic ou d'un Darwin ne fut pas la découverte d'une théorie vraie, mais celle d'une nouvelle et fructueuse manière de voir », écrit Wittgenstein dans les *Investigations philosophiques*. La parole raconte des sornettes pour une seule raison, le voyeurisme du film — pousser à l'excès le visible par la parole — n'est qu'un processus dynamique fabricateur d'espace, manifestation d'une présence inaccessible. Comme dans *Une sale histoire*, l'image est tenue à la surface, les mots l'encerclent et changent son aspect. Par conséquent la parole rend l'espace instable, parfois contradictoire. Le diptyque sert à changer les aspects d'une même chose. C'est là qu'on retrouve *Boulevard de la mort* dans sa forme à deux bandes qui a pour objectif d'élaborer l'inversion des polarités. Pour le premier volet, les filles imposent des paroles qui construisent l'espace de leur propre piège, c'est la vanité d'Arlene et celle de Pam. Dans le second, les filles construisent leur issue, c'est leur connaissance de la route fictive et réelle.

Mais cette nouvelle structure à double bande après *Vanishing Point* est une façon d'agir sur le spectateur. C'est le premier sens d'*il faut être à ma place* qui est la formule au pousse-à-jouir du voyeur, mais aussi au sens wittgensteinien un « voir comme » qui est en soi une polarité entre voir et interpréter parce qu'il suppose un changement d'aspect. Cette polarité ne se réduit pas à la perception mais ouvre ce qu'on voit à ce qu'on peut effectuer dans le langage, ou plus simplement le rapport entre l'objectivité du monde et des connaissances, et la subjectivité du percevant ou ce que la conscience est capable d'atteindre.

Ainsi l'inversion des rôles entre Stuntman Mike chasseur (premier volet du diptyque) et victime (second volet) correspond aux deux attitudes du spectateur : il est voyeur du meurtre et jouisseur de la vengeance. La jouissance du sourire de Kurt Russell anticipait la route comme la fin du *road movie*, en lui accordant un effet boomerang dans la deuxième partie du film : c'est au spectateur d'en finir.

Elles sont quatre. Quatorze mois plus tard, dans une Dodge Charger 1970 Road/Track, Mike repère une nouvelle paire de pieds à la porte d'une Ford Mustang 1972, jaune à ligne noire, rappel de la Mariée de *Kill Bill*... autant dire que le règlement de compte est au bout de la route. Mais Tarantino aime épuiser les références : *Vanishing Point* réapparaît dans une conversation entre Kim, Abernathy, Zoe (Bell, cascadeuse et doublure d'Uma Thurman dans *Kill Bill*) et Lee. C'est aussi là que va cesser la référence pour jouer d'une autre polarité : les filles qui connaissent *Vanishing Point* et celles qui connaissent *Rose Bonbon* ; les filles filles et les filles pas tout à fait filles, des cascadeuses qui portent des colts, dingues de bagnoles, et d'un « chef-d'œuvre » du cinéma. Zoe a repéré la vente de la même Dodge que celle du film de Sarafian, il faut aller la voir, et faire la « bôme ».

Bôme : se placer sur le capot du véhicule en tenant fermement dans chaque main une ceinture accrochée à la portière avant et rouler à grande vitesse. Après des signes d'inquiétude, Abernathy prend le sourire du contentement, en criant et en tapant sur le tableau de bord : elle est convertie en fille super *cool* à des jeux qui étaient chasse gardée. Surgissement de Stuntman Mike. *Muscle car*, course à la puissance peut-on traduire, qui transforme les routes de campagne en circuit Nascar. On commence à froisser la tôle. Le tour de force de Zoe n'est pas de rester accrochée pendant les coups de boutoir, mais d'insulter l'assaillant en jetant ses pieds sur le capot de sa voiture. Ça injurie jusqu'au premier arrêt qui envoie Zoe dans le décor. Au *That was fun* de Mike répond le revolver Roscoe de Kim. Zoe projetée dans le décor réapparaît sans une égratignure et Abernathy de lancer : « Allons tuer cet enculé ! » Inversion de la proie, la course poursuite reprend de plus belle, accumulant les *fuck you*. Puisque les forces et la puissance sont du côté des filles converties en trio héroïque vengeur, Mike peut alors gémir et hurler comme un gosse ou une femmelette en arrosant son bras de *Four Roses*, et s'infliger entre deux cris ponctuant la méthode Coué « reprends-toi... tu comptes faire...», il est violemment percuté une seconde fois. La poursuite reprend au milieu de la campagne qui gentiment pompe son pétrole, imposant par un montage parallèle une lecture de l'Amérique: pendant qu'on fait des réserves, d'autres les brûlent, pendant qu'on tue, d'autres s'amusent. Sérieuse et comique, la dernière scène de chasse bascule sur des voies rapides, explose l'affichage de deux films d'horreur grand public en bord de route d'un drive-in, *Scary Movie 4* et *Wolf Creek*, qui bouclent la boucle ouverte par *Heaven Can Wait* et *Gimme Shelter*. La dernière ligne droite est double: en parallèle de Mike exultant de ne plus voir la Dodge Challenger à ses fesses, les filles déboulent d'une route secondaire avant la dernière collision. C'est là que, dans une ronde, les coups font taire les insultes. Abernathy donnera le coup fatal, écrasant de son pied, dans un mouvement gracieux et aérien de gymnaste, la gueule du cascadeur en charpie.

La vengeance ça se mérite, elle est l'effectuation de la jouissance du spectateur. On voit bien ce que Tarantino met en œuvre dans le jeu des polarités. C'est le western revitalisé — après avoir renversé le non-lieu du *road movie* en le convertissant en «boîte à accident», espace de mort — qui n'oscille plus entre le noble et le vil en chargeant la barque de leurs pulsions: il est possible de tout montrer et de rendre le western à sa sauvagerie sans passer par la case bon ou méchant. La vengeance, c'est justement inverser les rôles de gentil et de méchant, c'est exalter sans convenir de règles du jeu, c'est retourner la limite à l'intérieur du territoire, avant d'envoyer valdinguer à grande vitesse les tôles froissées et le verre éclaté, les bipartitions afin de les malaxer, de les unifier et d'en produire leur scandaleux métissage. C'est aller du mythe vers le spectacle, c'est changer le cinéma d'aspect! C'est-à-dire inventer une nouvelle figure au milieu de toutes celles qui existent déjà. C'est la brèche entre les origines des images et leurs représentations, c'est le paradoxe entre l'adoption et l'abandon, c'est l'histoire du cinéma prise comme sujet dans les filets de la fiction.

Il fut un temps où le cinéma fut le rêve de la traversée de l'écran comme celle du miroir. Celui de Quentin Tarantino est paradoxalement le rêve de le voir disparaître dans un déchaînement d'images irruptives. En malaxant les polarités du bien et du mal du cinéma classique qu'il ne cesse de réinvestir par citations, en retenant l'explosion de la surface par la litanie des dialogues, son cinéma est une voie sans issue. Celle-ci est l'écran face auquel nous nous tenons. Dans un dispositif du regard tel que nous avons pu le voir avec Stuntman Mike, où celui qui voit est dépendant de celui qui le voit, Tarantino appelle les spectateurs à se tenir face à l'écran, tout en le contraignant à être dans une « boite à accident ». Boîte du cinéma qui n'est rien d'autre qu'un piège du regard. Ce piège de verre et d'acier, qui impose sa transparence, devient le lieu d'une interjection : *Chérie, il faut être à ma place*. Façon d'enchaîner le spectateur en lui interdisant la possibilité de se détacher de l'image pour mieux opérer le transfert de l'image infidèle — toute image est par nature défaillante, évanescente — à l'image vengeresse — la violence est nécessaire pour fixer et contrarier sa nature. Le cinéma de Tarantino ressemble à une cérémonie de possession, dont le climax est l'apparition de l'image vengeresse.

Se venger par le cinéma. *Inglourious Basterds* en est le plus explicite aboutissement : sur l'écran apparaît en gros plan le visage de la juive vengeresse annonçant au gratin nazi sa mort prochaine. Le feu se propage à l'écran, les *basterds*, dynamite à la cheville, vident leur chargeur sur Hitler avant de se faire exploser. Nouvel excès, nouvelle étape de la cérémonie. Ce n'est plus la surface de l'image qui est malmenée mais la pellicule elle-même. L'écran brûle, et avec lui la beauté ultime du visage projeté. Le rappel à l'Histoire, pour simpliste qu'il apparaît, est une façon assez désespérante de « nettoyer » l'Histoire. Puisque l'image n'a pu enregistrer les corps au lieu même de leur extermination, il faut se venger de ces défaillances en détruisant la pellicule. La brûler, c'est chercher l'image purifiée. Or cette quête a son revers. Car, s'il faut rendre à l'histoire son désordre, et manifester la puissance de surface du cinéma, celui-ci reste impur. Si Tarantino se consacre à cette impureté, son goût décadent du spectacle est une façon de contrôler la jouissance du spectateur. On peut faire feu de tout bois, dit en substance *Inglourious Basterds*. Transformant la salle de cinéma en « boîte à accident », le film ne joue pas moins des polarités que *Boulevard de la mort*. Mais au jeu des polarités, le spectateur est la cible d'une balle perdue : à libérer l'image vengeresse pour mettre en échec réalité, Histoire et visible, la jouissance du regard devient l'ultime piège.

L'IMAGE-VENGEANCE

TARANTINO FACE À L'HISTOIRE

par Marie GIL
& Patrice MANIGLIER

INGLOURIOUS BASTERDS

[2009]

Auteur d'un cinéma citationnel, ludique et réflexif, Tarantino semble être un cinéaste pour cinéphiles : il incarne l'art pour l'art dans le septième art. Il n'y aurait rien d'autre à admirer chez lui que sa virtuosité. Il ne pourrait intéresser la « théorie » que dans la mesure où celle-ci prend le cinéma pour objet, réussissant la gageure de séduire les intellectuels, tout en restant superficiel.

Les pages qui suivent entendent corriger cette lecture. Le cinéma de Tarantino, au contraire, montre que les formes artistiques pensent, et pensent d'autant mieux qu'elles sont plus réfléchies. Porter une attention privilégiée aux formes (que ce soit en tant que créateur ou que critique) n'implique pas de les enfermer sur elles-mêmes, même quand ces formes sont celles de la réflexivité. C'est sans doute parce que la critique reste piégée dans cette alternative entre forme et sens, qu'*Inglourious Basterds* l'a laissée perplexe. Elle devait faire face à un film qui, tout en déployant la même désinvolture que *Pulp Fiction* ou *Kill Bill*, intervenait sur un des « sujets » les plus profonds et les plus délicats de notre conscience historique, impliquant notre compréhension des tâches et des pouvoirs de l'art : le problème de la représentabilité de ce que Raul Hilberg a appelé « l'extermination des Juifs d'Europe ». La réception du film témoigne d'un embarras manifeste — qu'il s'agisse de l'article de Jean-Luc Douin dans *Le Monde*, de celui de Thomas Sotinel ou, dans un style moins euphémistique, celui de Bernard-Henri Lévy en 2011 ; nous voudrions en revanche saluer le livre du philosophe Richard Miller[01]. Fallait-il prendre ce film au sérieux ? S'inscrivait-il dans la lignée des œuvres d'« après Auschwitz », ou bien appartenait-il à un tout autre genre, ludique, léger, celui qui caractérise le cinéma de Tarantino ? C'est cette alternative qui pour nous manque le sens : en créant une esthétique de la « neutralisation », proche de ce que les romantiques allemands ont appelé *ironie*, Tarantino nous aide à mieux comprendre *ce qui s'est passé* il y a soixante ans, ce que signifie être sous la condition d'un tel événement. Mieux, il montre une fois de plus que, lorsque le cinéma s'empare de l'histoire, celui-là nous permet de mieux comprendre que celle-ci n'est pas une succession linéaire de faits, mais une forme éclatée où les événements communiquent les uns avec les autres dans une éternité « mobile ».

01 — *L'Imaginisation du réel. L'illusion du Bien (saint Georges) et la vengeance fictive (Quentin Tarantino)*, Éditions Ousia, 2011.

1. L'IMAGE-IRONIE

On pourrait appeler *romantique* le «style» mis au point par Tarantino dès *Reservoir Dogs*, style qu'il ne cessa de raffiner depuis. Nous prenons ici l'adjectif dans le sens que lui donnèrent en leur temps les romantiques allemands, et plus particulièrement Friedrich Schlegel à travers sa théorie de l'*ironie*. Ce qui caractérise le romantisme, c'est la conscience cruelle de la contradiction entre l'idéal et le réel, entre ce à quoi nous aspirons et ce que nous pouvons, entre l'infini qui nous agite et le fini que nous sommes. Dès lors l'ironie de Schlegel n'a que peu à voir avec la pratique de l'antiphrase: dans cette dernière, l'intention véritable est certes inverse de l'intention apparente, mais du moins y a-t-il un sens fixe au discours. En revanche, l'ironie romantique vise un effet très spécifique de *neutralisation*, c'est-à-dire d'indécidabilité entre l'affirmation et la négation, et donc de suspension des attitudes ordinaires de réception. Elle produit un vertige du sens que Schlegel décrit très bien dans le célèbre fragment 108 du *Lycée*: «L'ironie (...) est faite pour ne tromper personne sinon ceux qui la considèrent trompeuse, soit parce qu'ils jouissent de son art raffiné et impudent de tourner tout le monde en dérision, soit parce qu'ils se sentent au contraire eux aussi visés par elle. En elle, tout doit être à la fois jeu et sérieux, à la fois direct et franc et en même temps profondément dissimulé. Elle naît de l'union du savoir-vivre et d'un esprit scientifique, de la conjonction d'une philosophie à la fois parfaitement instinctive et parfaitement consciente de soi. Elle consiste et résulte en un sentiment du conflit insoluble entre l'absolu et le relatif, de l'impossibilité et en même temps de la nécessité d'une communication totale entre l'absolu et le relatif. Elle est la plus libre des libertés, car, à travers elle, on se transcende soi-même, mais aussi la plus légitime, car elle est absolument obligatoire. C'est bon signe que les béotiens ne sachent pas comment réagir devant cette constante parodie de soi-même, qu'ils hésitent constamment entre croyance et méfiance, jusqu'à ce qu'ils se sentent ivres et ne voient que bouffonnerie dans le sérieux et sérieux dans la bouffonnerie.» (Friedrich Schlegel, *Fragments critiques*, 48.)

L'ironie n'est donc pas une attitude *négative* par rapport à sa propre œuvre (celle par laquelle l'auteur se *désengagerait* de son œuvre au moment-même où il la produirait), mais plutôt une pratique de la *neutralité*, sans laquelle l'œuvre, dans sa réalité formelle propre, ne pourrait pas briller pour elle-même. Le mot *distanciation*, qu'on peut être tenté d'utiliser pour caractériser les opérations de l'ironie, en ce sens que l'œuvre ne propose pas une communication « directe » ou « naïve » de son propre message, ne convient qu'à la condition qu'on comprenne que son but est d'*intensifier la présence* de l'œuvre, et non pas de lui retirer du poids. Schlegel le dit bien : l'ironie romantique n'implique pas de tourner en dérision toutes choses et surtout soi-même ; il ne s'agit pas d'une *critique* qui exposerait la vanité de ce à quoi nous accordons poids et valeur (comme le lui reprochera Hegel dans son *Esthétique*), mais d'une forme toute positive de valorisation. Il s'agit à la fois d'une posture esthétique, qui détermine des *valeurs* et des critères de jugement pour les œuvres de l'art, et d'une attitude métaphysique qui s'emploie à nous faire sentir l'*écart* entre « l'absolu » et le « relatif », non pas pour dénoncer la croyance en l'absolu, non pas pour tout réduire au relatif, mais parce que c'est en cet écart que consiste l'existence des valeurs auxquelles nous tenons.

Schlegel est parfaitement clair sur ce point : l'ironie libère la « vraie poésie » du monde, elle nous permet d'accéder à la vraie beauté. Aussi parle-t-il du « souffle divin de l'ironie » qui anime ces « poèmes dans lesquels vit une véritable bouffonnerie transcendantale ». De même écrit-il : « L'ironie est la forme du paradoxe. Le paradoxe est tout ce qui est bon et grand à la fois. » (§48) Ce qui est beau, ce qui est poétique, ce qui est *vrai* même, c'est l'impossibilité où nous sommes de vivre pleinement, d'être entièrement et d'un bloc ce que nous sommes. C'est l'*échec* qui est valeur et réalité. Il y a sans doute dans le romantisme une sorte de mélancolie paradoxale, une mélancolie qui n'est point malheur mais au contraire rédemption. Salut du *bouffon* qui dit la vérité de la seule manière dont elle peut être dite : figurativement, délicatement, comme tout ce qui est tout proche de l'impossible. La grandeur de l'homme, c'est d'être nécessairement à l'écart de soi-même — Sartre dans *L'Être et le Néant* donne son expression la plus complète à cette philosophie.

L'œuvre de Tarantino est ironique *en ce sens*. Pressé par la critique de définir son propre style, il répond dans un entretien de 2009 que c'est l'humour qui caractérise ses films, un humour toujours réinventé œuvre après œuvre. Plus précisément, dit-il, il nous ferait rire de ce qui n'est pas drôle. Quand Bergson définissait le rire comme « du mécanique plaqué sur du vivant », il pensait au stimulus du rire (et prenait l'exemple burlesque de l'homme qui glisse sur une peau de banane, réduit à sa condition de machine par un minuscule reste végétal) ; mais avec Tarantino, c'est le rire du spectateur lui-même qui devient « mécanique ». Double humour donc, surcroît de jouissance : ce qui est drôle, c'est de ne pouvoir s'empêcher de rire. Faire rire d'un contenu qui *n'est pas* drôle, cela signifie faire rire de la forme même — et c'est aussi pour cela que Tarantino est romantique. Une scène de *Pulp Fiction* fonctionne à cet égard comme un manifeste de l'œuvre toute entière, un moment réflexif au second degré : il s'agit de cette scène où Mia (Uma Thurman) raconte une très mauvaise « histoire drôle » à Vincent (John Travolta) juste après une overdose qui a failli l'emporter. La blague est puérile, et d'autant plus drôle : ce qui nous fait rire c'est l'écart entre l'insignifiance de la plaisanterie et la gravité de la situation, c'est le caractère *déplacé* de cette plaisanterie. Cette histoire avait été précédemment différée dans le film, à cause justement de son caractère médiocre, du soupçon qu'elle *ne ferait pas rire* : si elle peut être racontée à présent, c'est que nous rions d'autant plus qu'il n'y a pas lieu de rire. Le rire est comme l'intellectuel selon Sartre : il n'est à sa place que là où il n'est pas à sa place. La plaisanterie est d'ailleurs annoncée par une mise en dérision de la situation d'énonciation, fondée sur un jeu sur le double sens des mots : Vincent promet d'abord *de ne pas rire* (« ne pas se moquer »), alors que bien entendu l'effet souhaité, comme le rappelle Mia, est inverse (« rire », mais non « se moquer »). Et nous rions, bien sûr, car tout est là, dans ce léger vertige du rire. *Rire ou ne pas rire*, telle est la question — et ce que nous montre Tarantino est que sa réponse ne dépend pas du contenu, mais bien des *occasions*. Rien n'est drôle ou désespérant en soi : tout est affaire d'occasion, il faut trouver le bon moment, et Tarantino est un maître dans l'organisation de ces occasions. Ce qu'on appelle son style est une machine qui crée un monde régi par une loi étrange mais implacable : *moins c'est drôle, plus c'est drôle*. Cet « humour » tarantinesque obéit en cela aux principes de l'ironie « romantique ». Rire de ce qui n'est pas drôle, cela implique en effet un écart entre la forme et le contenu, qu'on peut appeler *dissonance* (que nous préférerons au mot « distanciation », trop chargé).

Il serait facile de faire la liste des dissonances qui font le tissu ordinaire des films de Tarantino. Les écarts, fameux entre tous, entre le discours et l'image — toujours dans *Pulp fiction*, une conversation banale dans un *dîner* devient un hold-up improvisé —; les écarts entre des personnages et des situations — rappelons ces tueurs en maillot de bain et tongs; Vincent enfermé dans les toilettes en train d'essayer de se convaincre de ne pas tenter de séduire Mia alors que celle-ci est en train de faire une overdose et de le dispenser donc de ses conflits de loyauté; le même aux toilettes encore mais en train de lire, pendant que celui qu'il est en principe venu liquider est en train de se faire des toasts, etc. —; écart, enfin, entre le rire lui-même et l'horreur, qui explique la place que tient la violence chez Tarantino. Il faut ainsi comprendre la *distraction* dont Pascal Bonitzer a fait la « loi de Tarantino » comme un cas particulier de ce que nous appelons ici *dissonance*, celui où elle joue au niveau du rapport entre les personnages et leurs actions. Un tel écart rejoint celui qui existe, chez les romantiques, entre le « fini » et l'« infini ». Il appelle l'attention sur la forme, et produit cette *réflexivité* à laquelle il est parfois tentant de réduire l'œuvre de Tarantino, qui ne consisterait qu'en une exploration des formes cinématographiques au second degré. De fait, rire de la torture d'un homme, cela n'est possible qu'à la condition de ne jamais cesser de sentir que ce n'est pas de la torture d'un homme que nous jouissons, mais de sa mise en scène, de son montage, de sa représentation. Cette réflexivité existe indéniablement. Elle se manifeste aussi bien dans de légers détails qu'à l'échelle de la composition générale d'un film. Ainsi de *Kill Bill* ou *Boulevard de la mort* qui sont de véritables films de genre, dans lesquels Tarantino explore le cinéma. Mais parfois la réflexivité elle-même est traitée de manière ironique. Ainsi, dans la première séquence d'*Inglourious Basterds* lorsque Landa prétend changer de langue et passer du français à l'anglais : nous croyons qu'il s'agit de l'*explicitation d'une convention cinématographique*, ou, pour le dire autrement, d'un clin d'œil. En réalité, le passage à l'anglais a une véritable raison d'être dans la diégèse, puisqu'il permet le meurtre de la famille juive cachée sous les pieds des personnages et qu'elle n'entend pas cette langue. Le *méta* se transforme en ironie tragique, mais l'on ne quitte jamais la dimension réflexive.

Cependant, cette typologie des « ironies » masque une différence de statut plus fondamentale entre les différentes œuvres. Dans certaines, la réflexivité est dénuée de tout message — dans *Pulp Fiction* par exemple. Rarement une œuvre aura aussi bien illustré la thèse de Kant sur l'art : ce qui procure un plaisir *pur* et *désintéressé*. Et c'est une grâce assurément, une grâce envers laquelle on ne peut que ressentir une très grande reconnaissance que d'être rendu ainsi à l'*innocence des formes*. Pourtant, cette forme ironique a aussi ses limites. Il n'y a pas de sens, certes, à lui reprocher d'être négative. Le problème est plutôt qu'elle ne l'est pas assez. Elle s'achève souvent dans une version sophistiquée, mais d'autant plus désolante pour cela, de propagande. Son danger est de tomber dans une certaine *complaisance*. Il se peut que Tarantino n'y ait pas échappé avec *Kill Bill* et *Boulevard de la mort*.

L'industrie hollywoodienne n'aime rien tant que faire sa propre apologie. Aussi a-t-elle vite trouvé en Tarantino un prétexte nouveau à se réjouir d'elle-même, jusque dans ses styles les plus bas (Série B, *blacksploitation*, kung-fu etc.). L'Industrie s'est reconnue avec complaisance dans l'image que lui tendait le cinéaste, lui qui pourtant venait d'ailleurs, n'avait pas cherché à la séduire, lui avait arraché des morceaux de jouissance qui n'étaient purs que parce qu'ils étaient subversifs (la drogue, le sexe, la violence, la narration non linéaire, tout cela n'était pas dans le « Code »). Tarantino a écrit la théodicée de Hollywood, il est le Leibniz du cinéma, celui par qui la médiocrité, la bêtise et la corruption de l'industrie cinématographique sont *rachetées*. Il n'est pas jusqu'à sa cinéphilie qui ne soit mise au service de la *gloire* à laquelle l'industrie elle-même fonctionne (retrouver les références, *reconnaître*). Et voilà notre plaisir pur corrompu : mis au service d'une *puissance*, l'une des plus lourdes de notre époque, l'une de celles à laquelle il est le plus difficile de résister. Ceux qui résistent en effet passent pour incapables de reconnaître la « magie », l'« innocence », la « gratuité » du plaisir cinématographique — gratuité des plus lucratives, magie des plus truquées, innocence des plus intéressées. Ainsi, le postulat formaliste de Tarantino peut devenir le prétexte de ce que l'Industrie a toujours fait : de l'idéologie.

C'est pourquoi *Inglourious Basterds* nous a rendu Tarantino. L'ironie du cinéaste a cessé d'être une source de jouissance finalement équivoque ; elle est devenue un moyen pour intervenir dans un problème commun, notoirement difficile, celui de la représentation à la fois historique, esthétique et politique de cet événement traumatique entre tous, « l'extermination des Juifs d'Europe », soulevant au passage quelques questions fondamentales sur la nature du temps et de l'histoire.

2. L'IMAGE IMPOSSIBLE

Les choses auraient pu très mal *être tournées*. Et de fait, on peut considérer comme un échec le fait que certains aient lu dans *Inglourious Basterds* un message, à savoir que le cinéma hollywoodien était la revanche des Juifs sur Hitler. Mais qui ne voit le caractère presque obscène de cette idée ? Y a-t-il pire instrumentalisation que de vouloir justifier une puissance au titre de revanche pour des millions de morts qui n'ont pas la parole ? Il y a bien autre chose dans ce film. L'ironie de Tarantino ne sert pas à glorifier Hollywood, mais à se confronter à un problème particulier : la représentation de l'extermination des Juifs d'Europe. On sait combien une telle représentation est délicate, et combien elle a suscité de débats. Concentrons-nous seulement sur un aspect de ce problème. Un film sur l'extermination est, nécessairement, un film sur une perte immense, la destruction de millions de vies humaines et de plusieurs civilisations. Si elle veut être fidèle à son objet, c'est le sens de la perte qu'elle doit communiquer. Or toute reconstitution qui donnera l'illusion, ne fût-ce qu'un instant, que ce qui est passé, et donc perdu, peut être ressuscité, manquera son objet qui est l'absence même : l'écart au présent, l'irréversibilité du crime. Que le passé soit passé, voilà ce dont on souffre, ce qu'il s'agit de faire sentir. Bien sûr, il se peut qu'on doive dire ou décrire à ce titre *ce qui* est perdu ; mais ce qui importe est la perte comme mouvement, la perte comme événement, la perte comme vérité de notre présent lui-même. C'est avant tout cela que signifie « l'irreprésentabilité de la Shoah » : si re-présenter c'est rendre de nouveau présent, alors en effet la représentation est inadaptée à la tâche qui lui incombe, relativement à une catastrophe historique comme la Shoah — ou encore, la représentation ne peut être convoquée qu'à condition d'être tordue, détournée, jouée contre elle-même, comme Claude Lanzmann le fit dans *Shoah*. On comprend dès lors pourquoi les « films d'histoire » peuvent se trouver en délicatesse avec cet événement : c'est un événement qu'il ne *faut pas* « reconstituer », car abolir la distance historique, nous faire voir ces événements « comme si nous y étions », c'est manquer la mort.

Il y a autre chose. Les morts de la Shoah ne sont pas les morts d'une guerre. Ils ne sont pas les sacrifiés de jadis auxquels l'aujourd'hui peut et doit rendre hommage, et même rendre grâce, comme on le fait dans les monuments aux morts, dans le sens où leur disparition serait la condition d'existence même de notre présent. Il n'y a aucune *gloire* dans ces morts, ce sont de pures victimes, qui ne sont pas morts pour construire l'avenir. Ils sont les victimes d'un fantasme identitaire de l'autre et non d'un projet identitaire de soi. Ils sont les éternels vaincus de la Seconde Guerre mondiale. Et notre présent ne leur doit rien. Ou plutôt, il leur doit une seule chose : ne pas les inscrire à nouveau dans une histoire apologétique, pas même celle qui se réjouirait de vivre dans un présent qui aurait *appris* du passé, un présent qui donnerait du sens à ces morts. Ces morts ne peuvent pas être « convertis », selon l'expression de E. Balibar dans *Violence et civilité*, en positivité historique ou morale. Ces morts doivent demeurer une éternelle question adressée à leur postérité.

Walter Benjamin a écrit des lignes précises au sujet d'une Histoire qui saurait se délivrer du point de vue du vainqueur — des lignes qui, relues aujourd'hui, évoquent irrésistiblement le film de Tarantino. Cette « histoire des vaincus » suppose de rompre avec toute idée de progrès. Le passé n'a pas sa place dans l'édification du présent, il est au contraire ce qui « bloque » le présent et rappelle « l'exigence messianique » de faire advenir un monde juste, c'est-à-dire un monde *réparé*, un monde *vengé*. Ainsi, il considère le prolétariat de Marx comme « la classe vengeresse qui, au nom de générations de vaincus, mène à son terme l'œuvre de libération » (*Sur le concept d'histoire*, § XII) et il reproche à la social-démocratie allemande d'avoir fait désapprendre à la classe ouvrière « la haine et l'esprit de sacrifice. Car l'une et l'autre se nourrissent de l'image des ancêtres asservis, non de l'idéal d'une descendance affranchie. » Aussi la promesse n'est-elle elle-même que promesse de vengeance : elle n'est pas tension vers un Bien doté d'une positivité tranquille, mais réparation d'un Mal, un mal contre le Mal. Il s'agit toujours de retrouver dans le passé une virtualité du présent qui est, en ce moment même, en danger. « Faire œuvre d'historien ne signifie pas savoir "comment les choses se sont réellement passées". Cela signifie s'emparer d'un souvenir, tel qu'il surgit à l'instant du danger. » Ce danger n'est pas de mourir, mais de « se faire l'instrument de la classe dominante », et Benjamin insiste pour dire qu'il est *le même* concernant le passé (« les contenus de la tradition ») et le présent (« ses destinataires »). De même que ce passé aurait pu *ne pas être* ce par quoi le présent a dû passer pour s'accomplir, de même notre présent pourrait ne pas justifier l'état des choses à travers la représentation du passé. L'historien et son « objet » (qui n'est donc pas un objet) communiquent dans la même virtualité messianique, c'est-à-dire dans l'espérance que le monde sera *réparé*. Ce danger est éminemment celui qui guette toute représentation de la Shoah.

On comprend alors que cette représentation se trouve confrontée à deux exigences en tension l'une avec l'autre : le deuil (rappeler la perte, comme perte) et la vengeance (critiquer le présent du point de vue des vaincus, et réparer le passé par cette virtualité singulière du présent qu'est l'acte historique lui-même). La tension tient à ce que l'une est orientée vers le passé dans son *irréversibilité*, l'autre vers le présent, dans sa *virtualité* ; l'une vers le fini, l'autre vers l'ouvert ; l'une vers le manque, l'autre vers le possible... Cette tension traverse l'histoire des films sur les camps. *Nuit et Brouillard* se veut un film contre le deuil, et se propose de faire sentir l'éventualité d'un recommencement plutôt que l'irrévocabilité de la perte : aussi cherche-t-il non pas tant à faire voir l'invisible qu'à faire voir ailleurs, à côté[02]. *Shoah* à l'inverse tente de filmer l'absence comme telle. Or *Inglourious Basters* est exactement entre les deux — à l'instar de Benjamin qui développe une philosophie de l'histoire entre la perte et la vengeance.

Mais avant de revenir à Tarantino, notons que cette problématique d'une histoire qui ne soit pas *représentation* du passé dans le présent, mais *critique* du présent du point de vue du passé, est aussi celle d'un autre historien philosophe : Michel Foucault. C'est d'ailleurs à travers cette problématique qu'il a rencontré le cinéma. Cette notion de critique implique que le présent doit être non pas comparé à un autre état idéal, mais relativisé à l'intérieur du passé, c'est-à-dire considéré comme

02 — P. Maniglier, *in Foucault va au cinéma*, Bayard, p. 117-121.

une pure variation au sein d'un temps qui n'est plus chronologique (mais entièrement *événementialisé*, rapporté à lui-même comme à une pure contingence). C'est la même critique qui préside à la tâche de l'historien pour Benjamin : extraire des *états* passés les *événements* messianiques (et donc virtuels) qu'ils contiennent, de telle sorte que ceux-ci s'arrachent au « cours homogène de l'histoire ». Ce qu'il s'agit de saisir, dans le passé, ce n'est pas ce qu'il a été, mais ce qu'il *demande*, « l'étincelle de l'espérance » qu'il adresse au présent. Les formules de Foucault et celles de Benjamin sont très proches : quand le premier écrit que la généalogie doit éviter de « rétablir une grande continuité par-delà la dispersion » (« Nietzsche, la généalogie, l'histoire »), le second écrit qu'il faut « arracher une époque déterminée au cours homogène de l'histoire » (*Sur le concept d'histoire*, § XVII). Certes, Foucault ne possède aucun horizon messianique ; l'idée de vengeance, et peut-être même celle de justice, est étrangère à son outillage conceptuel ; mais pas celle de réactivation dans le présent des forces virtuelles, pas l'idée que l'histoire s'adresse au possible et non pas au passé. Que le cinéma soit donc capable à son tour non plus de représenter le passé, mais de relativiser le présent, confirme bien l'intuition qui était celle de Deleuze dans *Cinéma* : il est l'art d'extraire la « part événementielle » des situations. Cette part événementielle qui ne passe pas et que le cinéma extrait du passé est ce qui, dans une situation historique, *appelle* toute postérité.

Dès lors, les questions que nous voudrions poser sont les suivantes : en quoi Tarantino a-t-il mis en œuvre dans *Inglourious Basterds* une « réponse » originale au problème (insoluble) de la représentabilité de la Shoah ? A-t-il ainsi extrait la part événementielle de ce fait historique ? Que nous dit-il de la puissance du cinéma ?

3. LE GLISSEMENT DE GENRES

Que Tarantino ait voulu dans ce film se confronter directement au problème singulier de la représentation de l'extermination des Juifs d'Europe ne fait aucun doute. Il serait trop facile de croire qu'il l'évite avec une désinvolture héroïque, en exploitant les délicatesses même de ce sujet afin de nous faire rire librement. Pure œuvre de transgression, *Inglourious Basterds* aurait alors peu à nous dire sur la Shoah elle-même, et n'interviendrait pas sur le débat de sa représentatibilité. Croit-on cependant que le rire ne puisse pas être une forme du savoir? Ce que nous avons dit de l'ironie montre le contraire: si la réalité métaphysique est telle qu'elle ne peut être ni affirmée ni niée *sérieusement*, si elle est traversée par une impossibilité *essentielle*, alors le rire est peut-être ajusté à ce qu'il s'agit de faire connaître. Nous sommes donc fondés à demander comment cette intervention évite certains écueils du genre et, plus généralement, ce qu'elle nous apprend de l'histoire elle-même. Notre thèse ici est simple: l'ironie romantique de Tarantino permet d'échapper à un usage de l'histoire qui y chercherait la représentation du passé du point de vue d'un présent assuré de lui-même, pour faire au contraire du passé un instrument de critique du présent. Parce que l'image ironique repose sur un écart à soi, elle ne s'ordonne jamais à quelque présence, fût-elle passée. Dans le film de Tarantino, ce n'est pas le présent qui regarde le passé, mais le passé qui *nous* regarde.

Qu'il ne s'agisse pas de reconstituer le passé se manifeste dès le titre: référence, moyennant deux fautes d'orthographes, au film de guerre italien d'Enzo G. Castellari, *Inglourious Bastards* (*Une poignée de salopards*, 1978), lui-même directement inspiré de *The Dirty Dozen* de Robert Aldrich (*Les Douze Salopards*, 1967), ce titre renvoie à un autre titre: il annonce donc non pas un film qui tente de traverser la distance historique qui sépare le spectateur du passé par la force du médium filmique, mais un film qui met en variation une certaine mémoire cinématographique, et la met en variation comme les *accents* mettent les langues en variation, puisque les deux fautes sont censées capturer un certain accent américain. Par là, il signifie l'impossibilité de *dire bien* ce qu'il y a à dire. Cette impossibilité est elle-même fondée sur l'incapacité de le dire *dans une langue homogène*: le film s'avoue d'emblée *mal dit* parce que dit *d'un certain point de vue* (américain?). D'une manière générale, la « réflexivité » qu'on attribue au cinéma de Tarantino, sa passion citationnelle, a surtout pour effet de séparer sans cesse l'image d'elle-même. Il ne s'agit pas tant de savoir si nous « adhérons » plus ou moins à ce que l'image montre (personne « n'oublie » qu'il est au cinéma, et cette idée qu'on aurait besoin d'une opération spéciale, dite « distanciation », pour s'en souvenir, a quelque chose de tout à fait invraisemblable), mais d'inventer une nouvelle image, une image divisée, duplice, scindée. Ainsi, la formule implicite « *Once upon a time* » est suivie non pas de « *in the West* » mais de « *in Nazi occupied France.* » Ce collage entre ce qui se présente comme un temps (celui du mythe) et un lieu (celui de l'histoire), entre un ton (emphatique) et un objet (délicat), en réalité entre une image (celle du western spaghetti) et une autre (celle de ces films singuliers sur la déportation ou l'extermination), produit une image qui ne cesse de montrer sa propre suture, une image *décalée*, une image qui se confond avec un *décalage*. Mais ce décalage n'est pas seulement réflexif ; il a un effet : faire sentir l'écart de l'image à ce dont elle parle, l'*à-côté du réel*, d'un réel qui est violence pure, asignifiante, irrécupérable. C'est ainsi que la scène d'ouverture consiste en un renversement de l'ironie dans lequel le jeu sur les langues, on l'a vu, joue un rôle majeur. À peine nous a-t-il installés dans une certaine connivence avec l'image, à peine nous a-t-il donné l'illusion que nous maîtrisions ce qu'il se passait ici parce que nous saisissions les références, c'est-à-dire les manières dont certaines images en capturent d'autres, que Tarantino renverse brutalement son propre jeu : celui-ci devient le moyen de faire aboutir un massacre, que d'ailleurs il ne *représente* pas (la famille assassinée est cachée aux spectateurs par le parquet). Il retourne ainsi l'ironie, où les images englobent d'autres images, en la perception d'un réel brutal, littéralement non imaginable (non « imageable »). Il ne s'agit pas d'un réel évanescent qui s'éloignerait dans l'emboîtement baroque d'images dans d'autres images d'images ; il s'agit de la rupture sèche par laquelle un massacre met fin à ce qu'il faut bien appeler une « petite comédie ». Le massacre instaure un changement brusque de régime, nous sentons alors que *ce n'est pas du cinéma*. Le spectateur, dès cette scène, sait que ce qui ailleurs aurait pu passer pour de l'ironie légère, ici parlera vraiment du meurtre — de la chose même, pas de son signe. Certes, il s'agira d'y répondre par un signe, mais l'on aura commencé par la chose même.

Une première conclusion s'impose, quant à la manière dont l'ironie permet d'extraire du fait historique sa part d'événementialité : le passé qu'il s'agit de faire passer est communiqué par le différentiel entre deux mémoires (cinématographiques), une mémoire inscrite (images de persécution des Juifs) et une image inscrivante (images de western spaghetti), qui lui-même est brutalement interrompu par un élément invisible, non « différentiable », hors-image (le massacre).

4. FICTION DU PRÉSENT

Le jeu sur le genre — le glissement de genres — n'est qu'une des manières dont Tarantino produit une image décalée, délestée de ses fonctions de représentation.

Il y a de la reconstitution dans *Inglourious Basterds.* Cependant, celle-ci est mise au service non pas d'une représentation exacte du passé, mais d'une *mise en variation du présent* lui-même — dont l'audace a impressionné, et parfois choqué. Dans *Inglourious Basterds*, tous les dignitaires du Troisième Reich meurent dans un cinéma parisien lors de la première d'un film de propagande organisé par Goebbels. Cette décision (qui a bien sûr aussi un motif métaphorique sui-référentiel : « le Troisième Reich vaincu au cinéma ») transgresse les conventions de la fiction historique. Celle-ci se développe traditionnellement dans les interstices, les creux du savoir historique (soit par dramatisation et pour des effets d'échelles : nous n'avons pas de retranscription des dialogues d'Attila ; soit par imagination face au non-connu, à l'obscur : la vie d'un Juif inconnu sous l'Occupation, qui n'a pas touché à la grande Histoire). Mais la fiction, dans *Inglourious Basterds*, opère une variation sur l'Histoire et non pas dans l'Histoire. Elle touche non pas à ce qu'on pourrait appeler les propriétés accidentelles de l'Histoire, mais à ses propriétés essentielles. L'Histoire n'est pas un décor pour la fiction, que cette dernière ne saurait toucher ; elle en devient l'objet.

Certains ont vu dans cette décision une forme de « révisionnisme » (Bernard-Henri Lévy). Le mot est maladroit car le révisionnisme est une thèse qui se veut *historique*. Mais en racontant l'Histoire telle qu'elle ne fut pas, le cinéma ne manque-t-il à sa vocation pédagogique ? Pire, ne manque-t-il pas de respect aux morts, à ceux qui luttèrent pour que l'Histoire fût ce qu'elle devint (les résistants), ou à ceux qui périrent parce qu'elle s'entêtait dans ce qu'elle fut (les déportés) ?

Cette manière de penser consiste à prendre les spectateurs pour plus ignorants qu'ils ne peuvent l'être. Croit-on vraiment qu'ils ne savent qu'Hitler n'a pas été tué dans un cinéma parisien en riant devant un film inepte ? Le film d'Histoire en général n'a de sens que parce que les spectateurs *connaissent déjà l'histoire*. Ce n'est pas au cinéma de nous raconter la grande Histoire ; il se sert de ce savoir que nous avons déjà sur elle pour introduire une variation dans notre *rapport* tant au présent qu'au passé. Demander au cinéma d'*instruire* quant à l'histoire, c'est lui demander de jouer un rôle rigoureusement idéologique ; c'est le prendre uniquement comme puissance (et le texte de Bernard-Henri Lévy est de ce point de vue explicite), et non comme art, et lui demander, au nom d'une conception étrangement pervertie de sa « responsabilité », de n'agir qu'au titre de force de propagande, influençant les esprits faibles. Or si le cinéma doit intervenir sur l'histoire, c'est en tant qu'instrument d'intelligence critique, et non pour transmettre un message tout fait sur le passé, comme Foucault l'avait vu[03].

Or la fiction aussi fait œuvre de mémoire : nous raconter l'histoire telle qu'elle aurait pu être, c'est nous faire sentir, dans l'*écart* entre la fiction et la réalité, l'Absence de ceux qui furent massacrés — le caractère *irrémédiable*, irrécupérable, de cette absence. Que la fiction se déclare avec outrance comme une fiction, et c'est la « Séparation » qui apparaît, séparation du passé et du présent, des vivants et des morts. C'est parce que nous savons que les choses ne se sont pas passées ainsi, que nous sentons que le passé n'est pas seulement constitué de faits à établir, disputer ou réviser, mais qu'il consiste en une question toujours ouverte : comment les choses *ont-elles pu* se passer ainsi ? Comment peut-on *accepter* que les choses se soient passées ainsi ? Les morts, *ces morts-ci*, attendent qu'on ne fasse pas comme s'ils n'étaient pas morts. Il ne s'agit pas de parler de leur vie, mais de leur mort. Il s'agit de parler du crime, de l'extermination, et non de ce à quoi l'extermination mit un terme. Parler des morts, c'est faire sentir l'écart, la distance, l'inaccessibilité

03 — « Anti-Rétro », entretien avec les *Cahiers du cinéma*, n° 251-252, juillet-août 1974.

qu'ils *sont*. Dès lors, le choix de fictionnaliser l'Histoire, ainsi que le style « ironique », sont particulièrement ajustés à cette inaccessibilité même. C'est parce qu'il s'écarte de l'Histoire officielle, et parce qu'il ne cesse de nous maintenir aussi à l'écart de l'image de celle-ci, de faire passer à l'intérieur de cette image une étrange distance à elle-même (l'*ironie*), que Tarantino a pu dire la mort avec autant de force. Ne pas rendre présent, mais faire sentir l'irrémédiable absence, tel est l'effet de l'image ironique de Tarantino.

Mais il y a autre chose. À y regarder de plus près, *Inglourious* ne porte pas seulement sur le passé, mais surtout sur le présent. Nous ne sommes pas plongés dans une autre version possible de la Seconde Guerre mondiale, mais dans une autre *version de nous-mêmes* — quoique subtilement : l'Histoire eût-elle été ce que le film imagine, nous pourrions toujours être là, à regarder ce dernier ; l'Allemagne aurait perdu la guerre, le crime aurait été reconnu. Pourtant, ce n'est pas au passé que le film s'adresse, mais au présent, en le modifiant : l'œuvre représente un présent où les Juifs auraient été des victimes vengées. C'est *nous-mêmes*, spectateurs, que le film fictionnalise. Il contamine la salle où il est projeté ; et au terme de la projection, nous sommes devenus plus fictifs qu'Hitler lui-même. Le Hitler-historique partage du moins avec le Hitler-de-Tarantino une longue tranche de son existence : ils ne se mettent à diverger qu'en un point, finalement assez tardif, de leur existence commune. Mais notre présent et celui que projette *Inglourious Basterds* sont seulement homonymes : leur parfaite ressemblance n'évite pas une différence totale. Ils sont comme deux jumeaux identiques, qualitativement indiscernables mais numériquement distincts, qui pourraient être confondus n'ayant jamais été vus ensemble — et Tarantino nous les montre côte à côte. Ce que le film produit, c'est donc le sens d'une pure différence, la différence entre le présent actuel et un *autre* présent.

Inglourious Basterds fait même mieux que mettre notre présent en variation — il le réduit à une pure variation, à l'ensemble des opérations qu'il faut faire pour *n'être pas* le film de Tarantino. C'est que cette fiction exploite une différence *interne* à notre présent, la différence entre ce qu'il est et ce qu'il aurait dû être. Et que sommes-nous, sinon cet écart même, cette impossibilité à coïncider avec nous-mêmes — *notre mauvaise conscience* ? Le film de Tarantino n'est que l'ensemble des torsions qu'il faut faire subir au présent pour le *rectifier*. Il est en ce sens « benjaminien » : il ne représente pas le passé ; il l'*interrompt*, et le présente comme une promesse non tenue. L'histoire des vaincus est celle qui fait échapper l'histoire aux fonctions de justification du présent, afin de manifester l'*injustice* de ce dernier, qui est l'impossibilité de rendre justice aux morts au sein de notre temps. L'histoire des vaincus est celle qui *nous rend le présent insupportable*, et elle ne le fait pas pour le meilleur (le progrès) mais contre le mal (la vengeance).

Nous voyons à présent comment Tarantino réussit à accomplir à la fois le deuil et la vengeance, et en quoi son film, comme l'*Angelus Novus* de Klee commenté par Benjamin (*Sur le concept d'histoire*, § IX), est à la fois tourné vers le passé (où il ne voit que ruines) et vers l'avenir (qui n'est que le présent rectifié). Il n'appelle pas la vengeance, il l'*accomplit*, mais il l'accomplit « ironiquement ». Cette injustice du présent n'est pas une propriété accidentelle, mais essentielle : il n'y a pas d'*état* juste, mais seulement une inégalité à soi de tout ce qui est. Aussi la seule vraie vengeance est-elle celle qui montre à la fois la vengeance et son impossibilité — « vengeance fictive », comme dit justement le philosophe Richard Miller dans *L'Imagination du réel*, vengeance ironique dirions-nous, car elle est d'autant plus vengeresse qu'elle se sépare d'elle-même en se produisant.

Il faut se méfier que fictif ne signifie pas non advenu. La vengeance a lieu. Le film en effet devient la vengeance elle-même, en étant la représentation d'une vengeance inexistante. Et il l'est parce qu'il nous rappelle l'impossibilité de l'accomplir. Cette logique d'une opération réalisée par la monstration de son impossibilité est bien en réalité celle de toute symbolisation. Or qu'est-ce que se venger, si ce n'est réaliser un acte symbolique ? Se venger ne consiste pas à rétablir un état antérieur à un dommage subi : la vengeance n'est pas la réparation. Elle suppose au contraire un supplément de tort, qui ne peut se comprendre que dans une économie symbolique, au sens où l'entend Marcel Mauss : l'idée d'un échange fondé non pas sur des besoins « réels » mais fonctionnant comme une sorte de dialogue, où à un don répond un autre don, sans que l'un soit conçu comme le « paiement » ou une compensation de l'autre (Marcel Mauss). Dans toute économie symbolique, il y a un reste — quelque chose à quoi l'on n'a pas répondu. La vengeance est donc symbolique : elle ne répare pas, elle répond. Aussi ne faut-il pas s'étonner que la vengeance puisse *se payer de mots*. La vraie vengeance n'a pas besoin de transformer la réalité, elle a juste besoin de lui opposer un symbole. Il ne s'agit pas de catharsis, en ce sens qu'il ne s'agit pas de défouler nos passions ; il s'agit de trouver une réponse ajustée au *réel*. *Inglourious Basterds* ne prétend pas nous libérer d'une haine à l'égard des bourreaux, mais trouver le symbole qui répondra à l'événement de l'extermination des Juifs d'Europe et nous permettra de nous tenir dans un rapport juste, de vérité, à cet événement. Il s'agit de nous réajuster à un événement extérieur plutôt que de nous libérer de passions intérieures. Et si la vengeance est symbolique, seule une *image-symbole* peut accomplir la vengeance. Seul un acte qui ne soit « que » symbolique peut venger. Autrement dit, la vengeance ne peut s'accomplir que sur un autre plan — Lacan eût dit sur une *autre scène* —, et c'est un tel changement de plan que le film réalise. Il s'agit de libérer dans une image « neutre » une affirmation pure : « ce n'est *que* du cinéma » n'est pas un énoncé restrictif, mais en même temps un énoncé ontologique — car ce n'est *que* au cinéma que *ceci* (la vengeance, le présent corrigé) peut exister. Il faut donc prendre littéralement Shosanna quand elle dit : « *This is the face of Jewish revenge.* » Elle veut bien dire : voilà une vengeance *qui ne fait de mal à personne*, une vengeance qui ne se nourrit que de sa propre *possibilité*, et qui n'a pas besoin d'être actualisée, ou plutôt qui est entièrement actualisée dans le forçage de sa propre possibilité contre notre imaginaire limité par ses scrupules idéologiques — il faut entendre le déictique (« ceci ») de « *This* is the face of Jewish revenge », comme celui de Magritte dans « *Ceci* est une pipe ». Il constitue un cas particulier d'énoncé autoréférentiel. La coupe que Shosanna impose au film de Goebbels est équivalente au changement de plan dont nous venons de parler : c'est la fiction qui « répond » au réel.

5. LA VENGEANCE NUMÉRIQUE

Cette vengeance tient toute entière en une *image* — une *image d'image* qui devient symbole, et ainsi « répond » au crime. Cette image se dit elle-même : « *This is the face of Jewish revenge.* » Elle dénonce simultanément son propre caractère fictif. Quel est en effet ce *visage* ? Il est double. Il apparaît d'abord à l'écran, en noir et blanc d'époque, pour annoncer l'attentat (la vengeance) dans une coupe du film de Goebbels, au moment où le *sniper* prononce la phrase « *Who wants to send a message to Germany?* ». Puis il apparaît de nouveau, une fois l'écran incendié, projeté sur la fumée qui sert d'écran volumétrique et mobile, visage renversé dans un rire sardonique qui évoque un spectre de série B. Il représente alors le témoin qui jouit sans réserve de sa vengeance. Image d'une audace toute particulière, qui suggère que Tarantino a voulu faire apparaître le fantasme de la vengeance dans le signe même de la destruction des corps (la fumée), comme si les particules dispersées des cadavres brûlés devenaient la condition pour qu'apparaisse une pure image, juste un visage, et qui ne peut revendiquer d'autre jouissance que de *faire voir* à ceux qu'il fait périr la joie anticipée (car filmée) que ce personnage prend à ce spectacle qu'il ne peut voir, lui qui dut se sacrifier pour le rendre possible.

Or cette continuité entre les deux images est un leurre et la seconde image *montre* clairement sa propre impossibilité. Que signifie impossible ? Non pas certes qu'on ne puisse produire une telle image d'image (nous la voyons en effet), mais que l'image que nous voyons (celle du film de Tarantino) ne puisse être produite avec la même technologie que l'image qu'elle nous fait voir (le visage de Shosanna dans la fumée). Il s'agit, dans ce dernier cas, non plus uniquement de l'image d'une fiction, mais d'une fiction d'image. Nous croyons voir une image imprimée sur une pellicule photosensible, d'abord projetée sur un écran, puis projetée sur un nuage de fumée. Or l'image « de fumée » ne saurait se former dans ces conditions. Aucune caméra n'a pu filmer cette image projetée : il ne peut s'agir que d'une image redessinée numériquement. Alors que la première relève de la logique de la mise en abyme (une caméra filme ce qu'a enregistré une autre caméra), il aura fallu que le cinéaste travaille directement la seconde, y *ajoute* quelque chose. Il s'agit donc d'une *apparition* au sens spectral du terme : image *supplémentaire*, qui n'existe qu'à la condition d'en *hanter* une autre. Et cela nécessite un autre cinéma, un cinéma *numérique*. Autant la première se creuse pour ainsi dire à l'intérieur d'elle-même en s'éloignant (comme deux miroirs face à face), autant la seconde exige de travailler en relief, sur une première image.

C'est donc même techniquement, en sa qualité d'image, que ce « visage de la vengeance juive » confesse son existence *comme pure image*, sans modèle extrinsèque, sans au-delà. Son lieu de réalisation est l'image elle-même. En cela encore, Tarantino déjoue la logique de la re-présentation, puisque cette image présente ce qui ne fut et ne saurait jamais être présent. L'image numérique permet de *faire voir* ce qui jusque-là ne pouvait qu'être fantasmé. Intermédiaire entre le dessin et la photographie, elle est une fabrication qui produit l'illusion d'une perception, une invention qui peut se faire passer pour un enregistrement. Il y a, dans toute image cinématographique antérieure à l'invention de l'image numérique, une essence de *trace*, ou, pour reprendre le vocabulaire de Peirce, d'*indice* (les indices sont des signes reliés à ce qu'ils signifient comme des effets à une cause : l'empreinte d'un pied au pied ; la fumée au feu). Lorsque le film culmine sur cette image numérique, il revendique un cinéma qui ne fonctionne plus comme trace. À une époque où il est si facile de retoucher les images d'archive, celle de Tarantino manifeste une véritable position éthique : l'image numérique doit être une véritable création défaisant toute ambiguïté entre l'archive et la fiction, au profit de quelque chose comme une « fiction d'archive », une « archive des vaincus ».

Or, cette logique étrange, qui consiste à montrer sa propre impossibilité, n'est pas négative. Ce n'est pas qu'il *ne* s'agisse *que* d'une image, comme s'il s'agissait là d'une condition restrictive. Il s'agit au contraire de produire une relation ajustée à ce dont il est question, un *affect* juste. Le rire de Shosanna dans la fumée constitue le point d'équilibre parfait entre le mélancolique et le burlesque, entre le deuil et la revanche, entre la tristesse infinie de cette vengeance qui avoue sa propre suspension virtuelle et le rire qui la réalise malgré tout, au prix d'un changement de plan (qui devient ici mutation technique de l'image, passage au numérique). Extraordinaire paradoxe d'une image qui venge sans apaiser, qui se contente de nous faire jouir de l'évocation, de la *possibilité* de la vengeance. Image qui parallèlement met en évidence l'imperfection cruelle du présent, sa contingence, le fait qu'il eût pu être autre. Car c'est bien l'effet qu'elle produit. Elle ne se contente pas de dire que le passé est irreprésentable, elle lui donne une forme, une existence, qui se confond avec une virtualité du présent. Et cette forme est l'image virtuelle elle-même. C'est n'est plus une image du passé mais le passé lui-même qui est là, dans le visage de Shosanna-la-revenante. Un passé qui n'est pas un présent-qui-fut, un passé qui ne *ressemble* plus au présent passé, mais un passé qui est là comme l'exigence insistante de mise en variation du présent. Et en l'occurrence, une mise en variation technique et esthétique qui crée de nouvelles images. Le rapport de l'image argentique à l'image numérique est le même que le rapport entre un discours sur le passé qui tenterait de reconstituer fidèlement l'Hier, et un discours qui ferait sentir le passé dans la manière dont ce dernier interpelle le présent, et dont il requiert ce présent de se transformer. Nous demandions comment le film de Tarantino capturait le *réel* du passé sans le représenter, comment il arrivait à extraire de l'histoire sa part purement événementielle. Ce réel est transmis dans l'*écart* entre les deux images, celle de la mise en abyme et celle de la retouche, l'argentique et la numérique, car dans cet écart nous sentons à la fois la perte et l'appel.

Nous devons dire de cette image d'image qu'elle est un pur *symbole*. Symbole d'abord, en ce sens qu'elle ne fait pas tant *voir* quelque chose qu'elle ne signifie sa propre impossibilité : elle ne vaut pas pour autre chose que pour le néant sur lequel elle repose, comme le visage de Shosanna flotte sur les cendres de l'écran brûlé. Elle *est* la « vengeance juive », non pas parce qu'elle représente à notre imagination des criminels nazis souffrants (vengeance « imaginaire »), mais parce qu'en se séparant d'elle-même, elle articule en même temps l'impossibilité de la vengeance (vengeance que nous dirons « symbolique », parce qu'elle met sans cesse l'image en relation avec son propre commentaire, se rapprochant de la forme du discours plus que de la perception artificielle). Mais symbole aussi parce qu'elle est une réponse au Réel irreprésentable, à ce Réel abrupt sur lequel le film s'ouvrait dans la première scène, lors du massacre de la famille Dreyfus à travers le plancher. Elle y répond du point de vue du contenu, puisqu'il s'agit d'une vengeance, mais elle y répond aussi du point de vue formel : autant la première scène trouait violemment le plan ludique pour y introduire par son absence la violence historique, violence que tout le reste du film devra « compenser » symboliquement (venger), autant celle-ci rétablit ce que nous avons appelé *l'ironie*, en accomplissant la vengeance par une image impossible. Il en va de même de l'image de Hitler mitraillé comme un mannequin, criblé de trous (une poupée, une *effigie*) : là encore, image d'image, qui nous permet de rire de l'extrême violence parce que nous jouons double : nous jouissons dans la diégèse de la mort de Hitler, et nous nous moquons de nous-mêmes qui rions de cette destruction sans reste d'un corps humain. En somme, le film de Tarantino *rétablit le symbolique*. Ce que la violence pure a interrompu (le sens, la croyance en un monde sensé), la violence figurée le rétablit. Et c'est l'injustice même de l'Histoire que nous sentons, dans la nécessité de ce déséquilibre vertigineux de l'image pour répondre au passé.

Tarantino a donc inventé trois figures de l'ironie : celle du genre dans le genre, celle de la variation historique, et enfin celle, plus technique, de la capture d'un cinéma sur un autre. On voit qu'il s'agit, à trois niveaux différents — ceux du genre, de la réception, et du médium — d'un même redoublement paradoxal de l'image à l'intérieur d'elle-même. Ces trois figures ont en commun une « dissonance », qui produit une image centralement divisée, une image qui n'existe que scindée, une image qui semble « reculer » à l'intérieur d'elle-même, et qui avoue ainsi son caractère d'image et manifeste ce qui la *sépare* de toute « réalité » ou de toute perception. On peut dire ici avec Godard qu'une *image juste* est *juste une image*. Pourtant, il n'y a nul post-modernisme artificiel : dans cette séparation de l'image avec elle-même, ce qu'il s'agit d'affirmer est le réel même, en tant qu'irreprésentable et séparation. L'image est bien l'image *de quelque chose*, mais pas nécessairement de ce qu'elle rend visible. Elle est l'image de ce qui reste invisible, non par accident mais essentiellement, ce Séparé aux limites escarpés, qui n'offre pas de continuité avec l'image, mais qui représente la propre finitude de celle-ci. L'image « flotte » sur ce Séparé, ce Séparé qui est le Temps même, cette faille au cœur du présent où se rejoignent les morts et les espérances, l'irréversible et l'irréductible, ce qui ne peut pas être réparé et ce qui ne veut pas abandonner, la défaite et la lutte. Le Temps où, en réalité, ils vont jusqu'à se confondre. Dans cette identité de la défaite et de la lutte se trouve peut-être la vérité du temps historique. La vengeance de Tarantino est métaphysique. Ainsi, il se venge aussi lui-même, il se venge de ceux qui le prenaient pour un cinéaste uniquement ludique, en réalisant un grand film de l'après-Auschwitz.

UN
BARBARE
EN
ANTI
NAZI

par Jean NARBONI

INGLOURIOUS BASTERDS

[2009]

Y a-t-il accusation plus inconséquente que celle de révisionnisme portée contre une uchronie comme *Inglourious Basterds*? La réécriture de l'histoire et la révision de son cours sont la définition même d'un genre artistique où, à partir d'une période avérée, l'auteur invente une suite d'événements comme déroulement d'une contre-histoire qui aurait pu avoir lieu. Le genre des uchronies est riche d'exemples fondés sur la Deuxième Guerre mondiale et le nazisme, sans que leurs auteurs aient fait l'objet d'attaques comme Tarantino en a subi dès que son film a été montré en France. En 1962 par exemple, Philip K. Dick prend pour point de départ de sa fiction *Le Maître du Haut Château*, une défaite des Alliés devant les forces de l'Axe en 1947 et le partage des États-Unis en deux zones, l'une sous domination allemande, l'autre japonaise. En 1965, Kevin Brownlow, qui n'était pas encore le très grand historien du cinéma aujourd'hui reconnu, et Andrew Mollo, spécialiste en uniformes militaires, réalisaient le film *It Happened Here* (*En Angleterre occupée*), où les nazis victorieux ont envahi l'Angleterre et font régner leur ordre. Et plus près de nous, Phillip Roth, en 2004, raconte dans *Complot contre l'Amérique* la défaite électorale de Roosevelt et la nomination à la présidence des États-Unis, en 1940, du très populaire aviateur Charles Lindbergh, isolationniste lié aux mouvements d'extrême droite, antisémite et sympathisant du Troisième Reich. Sans doute les détracteurs de Tarantino n'estimaient-ils pas cet Américain gavé du meilleur et du pire cinéma, joueur et sans principes, assez responsable et sérieux pour aborder un sujet aussi grave que l'Occupation de la France par les nazis et la traque des Juifs avec la crainte et le tremblement requis. Sans prendre en compte l'ancienneté de son projet, et donc l'importance qu'il avait pour lui, sans mesurer l'ampleur des recherches historiques dont le film témoigne bien au-delà du seul domaine cinématographique, ils se sont évertués à dresser contre lui les rails du célèbre, trop célèbre travelling de *Kapo*, prêts à invoquer la figure de Claude Lanzmann dans le rôle de procureur d'un procès en obscénité (malheureusement, Lanzmann l'aime beaucoup).

Un autre chef d'accusation a porté sur ledit «enfermement cinéphilique» du cinéaste, et la légèreté dont il aurait fait preuve à laisser croire que le cinéma est capable à lui seul de vaincre le nazisme. S'étendre sur l'embrasement de 350 films nitrate dans l'incendie final du cinéma Gamaar, montrer la fin des plus hauts dignitaires du Reich, Hitler compris, comme un crépuscule bouffon et sanglant de faux dieux vengeant les morts des crématoires, quoi de plus irresponsablement puéril ? Ici, le refus d'entendre le cinéaste quand il parle de son film comme d'un conte noir et d'une fantaisie (au sens le plus fort), avec ce que cela charrie de puissance fabulatrice, d'outrances propitiatoires et de projections de désir, et non d'appels à une croyance débile en la toute-puissance du cinéma, ce refus et cette propension à le considérer comme un nihiliste décérébré, apparaissent tellement criants qu'on ne peut s'attarder longtemps sur ce reproche, quitte à revenir plus loin sur la dimension de conte noir. Lubitsch et Syberberg ont subi en leur temps pareil opprobre, l'un pour avoir montré des nazis de haut rang ridiculisés par une pauvre troupe de théâtre polonaise, l'autre en entreprenant, dans un film interminable comme une analyse, de citer Hitler à comparaître devant lui pour médiocrité cinématographique.

Beaucoup plus intéressante en revanche est la question soulevée, à propos d'*Inglourious Basterds*, de la vengeance et de la violence, récurrentes chez Tarantino mais pour la première fois inscrites dans un contexte historique préalable et chargé. En montrant les brutalités revendiquées par les *basterds* sur les nazis en réponse à leurs crimes, et en suscitant chez le spectateur un plaisir à ce spectacle, en flattant donc son goût de la vengeance violente, Tarantino le ravalerait (au même titre que les Juifs dans le film) au rang des bourreaux. Pour objecter à cette accusation, il faut d'abord souligner que le cinéaste n'est nullement aveugle sur les effets détestables que peut produire le spectacle de la violence. Lui, dont on raconte que quand il voit un film, son implication est telle qu'il la manifeste bruyamment et sans aucune retenue, prend soin de montrer avec dégoût, dans la scène finale, les réactions du Führer et de Goebbels tressautant et gloussant de joie, leur émotion répugnante à la vue d'un film à la gloire d'un héros national allemand, tireur d'élite qui avait abattu de son perchoir des dizaines d'ennemis. L'auteur de *Inglourious Basterds*, passé maître dans le jeu dangereux avec le spectateur, n'ignore pas qu'en sollicitant chez lui des désirs inavoués et des penchants douteux, il prend le risque de l'accusation et du déplacement en retour. Ce qu'il formule clairement, dans son langage cru et imagé : « Quand on réalise ce qu'on est en train de faire, ce qu'on est en train de voir, c'est trop tard. Ça fait un drôle d'effet. Un peu subversif. (...) Moi, je rétorque que les gens prennent leur pied à leur corps défendant et que, ensuite, ils cherchent à me coller ça sur le dos ! »

« À leur corps défendant. » Qui ne se défendrait en effet de nourrir des idées de vengeance, de vouloir du mal à son ennemi et de souhaiter ardemment lui en faire, le voir souffrir ? Nous savons tous, n'est-ce pas, que la justice n'est pas la vengeance, que la raison doit l'emporter sur les passions, que la loi du talion et son « œil pour œil » doivent céder devant la loi d'amour et son autre joue tendue aux coups, que jamais des représailles n'ont réparé le mal déjà accompli ni n'ont fait revenir les victimes. Nous sommes tous des êtres moraux et des gens de bien, nous laissons aux autres les pensées douteuses et les basses aspirations, et s'il arrive que nous les reconnaissions confusément en nous, nous les repoussons aussitôt pour condamner, avec une froide condescendance et sûrs de notre belle âme, les scénarios qui s'en nourrissent, ceux de Tarantino par exemple[01]. Et pourtant... Le piège tendu par le cinéaste, nous n'avons de cesse, il le sait bien, de lui en vouloir et de le retourner contre lui, car nous souhaitons d'une fiction qu'elle nous rende meilleur. Mais je ne sais plus quel critique autrement lucide (je crois que c'était François Truffaut) disait qu'après avoir vu *Nuit et brouillard*, le spectateur devait se sentir non pas meilleur qu'en entrant dans la salle, mais pire. Au lieu d'affronter dans sa nudité la question de la vengeance, nous la laissons à la charge des amateurs de violence, aux cinéastes estimés cyniques et complaisants, ou dans la réalité aux brutes galonnées et à leur soldatesque, comme le célèbre Marshal Harris par exemple, resté dans l'histoire sous le surnom tarantinien de *Bomber* ou *Butcher* Harris. Durant la Deuxième Guerre mondiale, avec comme devise « Qui sème le vent récolte la tempête » et sous la légitimation de « bombardement moral », il prit la décision de faire bombarder massivement les plus grandes villes allemandes par l'aviation anglaise, et fut l'instigateur à la fin de cette guerre de la destruction de la ville de Dresde, qui provoqua la mort de dizaines de milliers de civils.

Mais dans la sphère plus éthérée de la grande littérature, ouvrons par exemple *Aurélia Paris*[02] de Marguerite Duras. La dame

01 — C'est ce que fait Daniel Mendelsohn dans son texte « Les Juifs attaquent ! », dans *Si beau, si fragile*, Flammarion p. 157 à 162. Il est pourtant l'auteur du magnifique récit *Les Disparus*, que Godard a eu un temps (est-il révolu ?) le projet d'adapter.

02 — Marguerite Duras, « Aurélia Paris », dans *La Douleur*, P.O.L., p. 203-204.

qui a recueilli Aurélia Steiner, la petite fille juive, lui demande combien de morts ont provoqué les bombardiers alliés qu'elles ont entendus passer au-dessus d'elles : « Cinquante mille, dit la petite fille. La dame applaudit. "Quel bonheur", dit la dame. » Et une page plus loin, Duras insiste sans faiblir : « La petite fille a caché sa tête dans ses mains, elle a peur. Au loin, la dame du couloir récite la liste des villes du Palatinat, elle demande à Dieu le massacre des populations allemandes. » On m'objectera que l'extrémisme de Duras est connu et qu'on ne saurait suivre dans son délire celle qui, lors de l'affaire du petit Grégory, avait dans un flash hallucinatoire qualifié la mère, qu'elle « voyait » coupable, de « forcément sublime ».

Les philosophes, au moins, sont-ils exempts de ce genre de pensées ? C'est pourtant Gilles Deleuze, le chantre du désir et du devenir, grand commentateur de Spinoza et de Nietzsche ennemis du ressentiment et des passions tristes, qui parle d'une haine assez vivante pour qu'en sorte une joie qui n'est pas la joie de haïr, « mais la joie de vouloir détruire ce qui mutile la vie[03] ». Et pour ce qui est de mutiler la vie et d'y être souvent parvenu, le nazisme reste sans égal. Sans doute tient-il le privilège d'avoir inspiré tant d'uchronies à cette monstrueuse capacité de représenter l'altération la plus forte, la déformation défigurante la plus absolue de toute forme d'État de droit et de société vivable.

Le scénario de vengeance d'*Inglourious Basterds* se déroule suivant deux lignes distinctes qui, si elles se rejoignent à la fin dans un lieu unique, ne sauront jamais rien l'une de l'autre. La première, complexe et raffinée, est celle de Shosanna Dreyfus, la jeune juive seule survivante d'une famille tuée par les nazis au début du film et qui, devenue propriétaire d'un cinéma à Paris, entreprend de détruire dans un incendie les plus hauts dignitaires du Troisième Reich, lors d'une soirée de gala où est projeté un film à la gloire d'un de leurs héros nationaux. Le couronnement de son projet vengeur et sacrificiel (car elle-même périra dans le bûcher final et Tarantino dit avoir pensé à Jeanne d'Arc) consistera à faire savoir aux bourreaux qu'il s'agit là d'une « Vengeance juive » en insérant avant la dernière bobine du navet propagandiste un petit film tourné par elle où son visage en gros plan interpelle la salle remplie des nazis les plus gradés.

03 — Gilles Deleuze, *Foucault*, Les Éditions de Minuit, p. 31.

L'autre projet est mené par les *basterds* qui donnent son titre au film. Il s'agit d'un groupe de Juifs vengeurs décidés à en découdre, pour la plupart américains mais comprenant dans leurs rangs un taciturne soldat allemand en rupture de ban nommé Stiglitz, recruté par eux pour s'être illustré en liquidant plusieurs membres de la Gestapo. À la tête du groupe, le lieutenant Aldo Raine, américain non juif d'origine indienne et pour cela surnommé Aldo l'Apache: bête de guerre impitoyable, machine à débusquer et à éliminer l'ennemi, extrêmement compétent dans le domaine du combat, mais limité sur tous les autres plans, pour ne pas dire un peu débile. Une seule idée le mobilise, qu'il ne cesse de marteler à son groupe: tuer en représailles de leurs méfaits le plus grand nombre de nazis, faire savoir l'existence de leurs exploits dans le camp ennemi pour lui inspirer la terreur, et stigmatiser à jamais les rares prisonniers qu'ils épargnent et renvoient dans leurs foyers en les marquant au couteau d'une croix gammée sur le front. Sans doute pour honorer ses ancêtres, Aldo l'Apache exige de chacun de ses hommes qu'il lui remette au moins cent scalps arrachés aux cadavres des victimes. La voix nasillarde et cassante du lieutenant Aldo Raine — intelligemment campé par Brad Pitt —, son élocution brutale, sa morgue, le port de sa mâchoire nouée et pointée vers l'avant, lui conféreraient, n'étaient ses opinions antifascistes affirmées et la piètre connaissance de l'italien qu'il manifestera dans les dernières scènes du film, quelque chose de mussolinien. Il n'est pas impossible (il me semble même certain) que ce personnage vienne en droite ligne du film de Raoul Walsh *Les Nus et les Morts*, un des plus beaux films de guerre, et de son sergent Croft, lui aussi machine de guerre implacable et bornée. Ce personnage inoubliable fut au début des années soixante le départ d'une controverse violente dans le milieu cinéphilique, certains le tenant pour une figure purement fasciste, d'autres le couvrant de lauriers (à l'origine de cette polémique, un article de Jean Curtelin publié dans la revue des mac-mahoniens *Présence du cinéma* sous le titre provocant «Sergent Croft, petit frère»). Ce guerrier sans merci était interprété par un acteur fascinant nommé... Aldo Ray.

Pour être intellectuellement limité, peu doué pour les langues et constamment trahi par un accent de bouseux du Tennessee, Aldo l'Apache n'en est pas moins, comme tous les personnages tarantiniens, un être de parole. On sait que c'est par un rapport tout à fait nouveau entre la parole et l'action, entre le verbe et la violence, que ce cinéaste a imprimé sa marque inimitable dans le cinéma. Jusqu'à *Inglourious Basterds*, ce rapport était volontairement des plus lâches, distendus, voire inexistants. Les digressions interminables, les raisonnements paradoxaux, les débats d'autant plus âpres qu'oiseux, les palabres sans fin des personnages, entouraient de leurs volutes et de leurs arabesques un fantôme d'action et en différaient le plus souvent la venue jusqu'à un point limite, la violence de cette action retardée étant proportionnelle à la tension antérieure créée par l'attente. L'originalité de *Inglourious Basterds* tient à ce que la violence n'est pas tenue à distance du langage mais qu'elle est inséparable d'une parole qui l'accompagne, la précède de peu ou la commente. Aldo l'Apache, tout borné qu'il soit, se plaît à des inventions de langage et à des descriptions minutieuses du sort cruel que son commando réserve à ses ennemis nazis, des brutalités et des tortures qu'il leur inflige (leur fendre le crâne à coups de batte de base-ball par exemple et délirer d'une voix sauvage, ou scalper leur cadavre).

Tout cela pourrait être simplement abject et inspirer au spectateur la honte d'avoir ri et joui à ces descriptions et à ces actes (comme le font ses compagnons à l'écoute des récits de leur chef), avec l'effet en retour sur le cinéaste si bien analysé par Tarantino lui-même. « Je me jetai sur lui en l'injuriant, et comme, les mains liées au dos, il ne pouvait répondre, à toute volée j'écrasai mes poings sur son visage, il tomba, mes talons achevèrent la besogne ; écœuré, je crachai sur sa face tuméfiée. » Ces mots, Aldo Raine aurait sans doute aimé les prononcer, sans doute aurait-il pu les prononcer s'il avait été Georges Bataille, s'il avait écrit comme lui. Bataille racontait dans *L'Érotisme*[04], à propos de Sade, qu'après avoir lu le récit d'un déporté qui l'avait déprimé, il imagina le récit contraire fait cette fois par le bourreau que le déporté avait vu frapper. Mais pour ajouter aussitôt que jamais un bourreau n'aurait pu tenir de tels propos. Le bourreau, en effet, ne parle jamais le langage de la violence qu'il exerce. Soit il se tait, soit, exerçant la violence au nom d'un pouvoir établi, il parle le langage de ce pouvoir, qui le légitime et lui donne des raisons d'être élevées, de nobles motivations. Il s'ensuit, conclut Bataille, que le langage de Sade est paradoxalement

04 — Georges Bataille, *L'Érotisme*, Les Éditions de Minuit, p. 208-209.

celui d'une victime. C'est parce que le langage d'Aldo l'Apache est brutal et cru, qu'il ne se pare d'aucun idéal glorifiant, c'est parce que Shosanna crie à la face des dignitaires nazis « Voici le visage de la vengeance juive » qu'ils peuvent être entendus sans honte et que *Inglourious Basterds* n'est pas le film obscène que parfois on a voulu voir, mais bien son contraire.

Aux antipodes des aboiements et des courtes injonctions d'Aldo, *Inglourious Basterds* présente une autre sorte de parole, raffinée, sournoise, sinueuse et d'autant plus menaçante. Le maître absolu en est le colonel SS Hans Landa. La nouveauté que cet usage de la parole présente par rapport aux autres films de Tarantino, la maîtrise de quatre langues dont fait preuve le colonel SS (allemand, anglais, français, italien), le brio avec lequel il en distribue les ressources, sont tellement éclatants qu'ils menacent parfois de se retourner contre le film. L'incarnation virtuose de Christoph Waltz, mettant à mal par excès l'adage hitchcockien qui veut qu'un film soit d'autant plus réussi que le personnage du méchant est fort, manque en effet de faire basculer à chaque instant le film à son avantage. À lui seul il transforme la relation entre la parole et l'action, le langage et la violence, à quoi les autres films de Tarantino nous avaient accoutumés. La parole n'est plus l'instance qui tient la violence à distance en vagabondant autour de son idée ou en différant la venue. Elle est devenue elle-même violence. La violence est passée entièrement du côté du langage, dans le langage, elle le pénètre et l'irrigue tandis qu'il se déploie, et cela dès la magistrale première scène du film. Hans Landa, le « Chasseur de Juifs », sournois, insinuant, exaspérant de lenteur et de minutie dans les gestes (l'encrier posé sur la table, le stylo rempli, les noms pointés sur un cahier), d'une courtoisie redoutable et expert dans le dosage des mots, se livre à un véritable siège en cercles concentriques du fermier Lapadite. À pas de loup, étape par étape, savourant chaque progrès de son approche, entièrement confiant en son flair de prédateur, il circonvient son hôte d'abord inquiet puis épouvanté à l'idée de devoir trahir la famille qu'il cache.

L'encerclement par la parole que conduit le colonel Landa, obsédé par sa traque des Juifs (obsession et obsidional ont la même étymologie), régit la part visible de la scène, c'est lui qui commande l'échelle des plans, leur angle d'attaque, leur succession, leur fixité ou leur mouvement. Le très inattendu travelling vertical à travers le plancher qui révèle la jeune Shosanna terrorisée, yeux écarquillés et bouche close, est exactement déclenché par la mention de son nom. À la fin de la scène, Landa pousse le raffinement jusqu'à faire du fermier son complice actif, lui-même se dissociant, en une chorégraphie perverse, entre des paroles de départ mensongèrement rassurantes et des gestes qui désignent pour ses soldats la zone où tirer. La peur affreuse qui plombe lentement cette très longue scène parlée a pour conséquence paradoxale que la violence qui suit, brève et extrême, est ressentie presque comme un soulagement et une baisse de tension libérateurs. Le même schéma prévaudra d'ailleurs beaucoup plus loin dans le film, et quelques années plus tard dans la fiction, pendant la scène du déjeuner où Landa soumet cette fois à la question Shosanna elle-même en l'interrogeant sur sa vie, sa famille et son cinéma, scène dont la brusque interruption par le meneur de jeu entraîne chez la jeune fille une véritable décharge nerveuse. Il n'est pas indifférent que le chasseur de Juifs gourmand s'attarde à savourer dans l'une et l'autre scène, ici un verre de lait et une cigarette, là un strudel et sa crème (dans laquelle il écrasera une autre cigarette).

« Il était une fois dans une France occupée… » Le film s'ouvre sur cette mention écrite, elle introduit la scène de la ferme, accompagnée on ne sait pourquoi par quelques mesures transposées de la bagatelle de Beethoven universellement connue sous le nom de *Lettre à Élise*. C'est étrange comme ceux-là même qui se moquent de la gloutonnerie optique de Tarantino, de son avidité de cinéphile et de sa folie citationnelle, s'acharnent à donner un tour d'écrou supplémentaire à ce qu'ils qualifient avec dédain d'« enfermement cinéphilique », et se refusent à l'entendre. C'est eux qui, lisant « Il était une fois… », se limitent à n'y voir qu'une référence à Sergio Leone parce que Tarantino l'adore. Mais lui, en bon écrivain qu'il veut être, parle d'autre chose. *Inglourious Basterds*, insiste-t-il, est une fantaisie, une fable, un conte noir, très noir. Des preuves ? L'indétermination quant aux lieux (dans un film traitant pourtant d'un moment d'histoire connu, et signé par un auteur maniaque de précisions) : quelque part dans « une » France, le village inventé de Nadine, la taverne « La Louisiane », un terrain d'exercice des *basterds*, un cinéma dans Paris, une route de campagne. Des personnages désignés par des pseudonymes : le Chasseur de Juifs, Aldo l'Apache, l'Ours juif, le Minus… Du roman familial avec famille d'adoption nantie dont on ne sait si elle est vraie ou imaginaire : Shosanna Dreyfus devenue

Emmanuelle Mimieux et recevant un cinéma en héritage. Des points d'énigme parsemés dans le film et laissés sans résolution: pourquoi les trois autres familles juives que les Dreyfus ont-elles, dans la scène initiale, des noms improbables: Dolérac, Rollin, Lafitte? Pourquoi le colonel Landa laisse-t-il s'échapper sa proie en lui criant: «Au revoir Shosanna!»? L'a-t-il reconnue dans la scène du déjeuner, et sinon pourquoi lui offre-t-il un verre de lait? Quelle est cette idée «certainement sans importance» qui lui est venue à l'esprit, et dont l'oubli qu'il en affirme à la jeune fille la rend d'autant plus menaçante? Comme dans les fables les plus horribles, le mal, la méchanceté, la mort menacent partout. Et s'il fallait une preuve indiscutable de la dimension de conte de son film, de conte viré au noir, Tarantino la donne dans sa version fatale de *Cendrillon* où le colonel Landa, faux Prince charmant et vrai meurtrier, passe avec délicatesse au pied de Bridget von Hammersmark la chaussure qui lui va à merveille, avant de bondir sur elle comme un fauve pour l'étrangler.

Ce prédateur virtuose de la torture par la parole, qui semble n'accomplir qu'à contrecœur un acte meurtrier et presque le tenir pour une inconvenance, s'était d'ailleurs aventuré sur le versant animal dès la première scène du film chez le fermier Lapadite. En une étrange digression visant à expliquer l'aversion qu'inspirent les Juifs, il avait risqué une comparaison entre le rat et l'écureuil pour montrer qu'au-delà de propriétés qualitatives communes (ce sont des rongeurs susceptibles l'un et l'autre de transmettre des maladies), c'était leur être qui différait en nature. Le rat répugne «en soi» quand l'écureuil attendrit. Il ne semble pas que cette question de l'identité, de l'être et de ses attributs, des signes qui trahissent et des indices trompeurs se soit vu reconnaître l'importance qu'elle a tout au long du film. C'est elle pourtant qui va commander, en excédant de beaucoup les limites d'une fiction à agent double ou triple, la magistrale et très longue scène de la taverne, à mon avis le lieu de convergence des plus belles inventions de Tarantino.

Le déroulement en est très complexe, et les changements de cap, pauses, reprises, variations de tempo et différences de registres vocaux (du claironné au murmuré) si nombreux que le spectateur, pris de vitesse, peine à en saisir chaque nouvel enjeu. Il s'agit au départ de la mise en place de l'Opération Kino destinée à détruire l'état-major nazi. Dans la ville imaginaire de Nadine, un agent secret britannique parlant allemand et deux membres du commando d'Aldo Raine, germanophones parfaits, doivent entrer en contact avec un agent double, la très populaire actrice allemande Bridget von Hammersmark, qui travaille pour les Alliés. Normalement, rien ne devrait se passer, énonce l'un des conjurés. La suite va le démentir cruellement. Le rendez-vous a lieu dans une taverne située dans une cave. Aldo l'Apache, chargé avec d'autres *basterds* de couvrir le rendez-vous, se montre extrêmement méfiant devant ce lieu insolite. Quand un des hommes lui demande quels inconvénients présente à ses yeux une cave comme lieu de ralliement, il répond, avec son sens exquis de la nuance, et visiblement satisfait de sa tautologie: «Celui d'être une cave.» Un premier imprévu est introduit par la présence de quelques soldats allemands réunis pour fêter la récente paternité de l'un d'eux. Bridget, très sollicitée, est entraînée par le groupe à jouer à un drôle de jeu identitaire. Il consiste pour chaque participant à se coller sur le front une carte à jouer portant le nom d'un personnage réel ou fictif mais célèbre, dont il lui faut deviner l'identité en posant des questions sur ses traits caractérisants afin de remonter jusqu'à elle (s'agit-il d'un homme, d'une femme, d'un animal?).

Tarantino, qui a joué dès la première scène du film des ressources de la parole et de la diversité des langues (le passage par Landa du français à l'anglais non par convention, comme sont portés à le croire des spectateurs plus malins que le cinéaste, mais pour mieux piéger ses proies), raffine encore en insistant cette fois sur l'accent avec lequel une langue est parlée. C'est par son accent allemand bizarre que l'agent anglais se fait repérer par le membre de la Gestapo présent dans la taverne. Non seulement ce dernier personnage n'a pas été donné comme présent, mais lui-même (le plan où il apparaît et un court mouvement de caméra latéral en apportent la preuve) n'a rien vu de la scène. Il a été alerté à l'écoute, se trouvant en quelque sorte dans la position que Marcel Pagnol occupait jadis dans son camion-son pour juger ainsi, *à l'oreille,* la justesse de ses acteurs. L'agent anglais repéré se voit contraint de donner une explication alambiquée. Critique de cinéma dans le civil, spécialiste du cinéma allemand et particulièrement de Pabst, il justifie son accent aux yeux du nazi comme celui de la région montagneuse du Piz Palu d'où il se dit originaire, ajoutant avoir fugitivement figuré dans un film que Pabst y avait tourné avant-guerre avec pour vedette Léni Riefenstahl. La scène, déjà très longue, se poursuit en joutes verbales faussement détendues ou franchement inquiétantes, répits précaires et amoncellement de vraies nuées d'orage, mais elle va trouver sa résolution en changeant une dernière fois de sens. De sens entendu comme organe et non comme direction. Après toutes les variations du film sur ce qui est vu et entendu, ou entendu sans être vu, ou vu sans être parlé, ici étayées par le jeu qui consiste à trouver une identité à partir de propriétés qualitatives, la scène chavire sur un doigt. C'est l'organe du toucher qui, contre toute attente, va trahir l'Anglais, quand il commande un fameux scotch des Highlands des trois doigts médians de sa main, là où un vrai allemand le ferait du médius, de l'index *et du pouce*.

Il ne reste plus dès lors à Tarantino qu'à expédier comme une obligation la tuerie qui s'impose et dont aucun protagoniste ne sortira vivant, la rendant de surcroît volontairement indéchiffrable par un montage ultra-rapide. Après avoir doté son colonel SS du flair du limier et des chatteries du gourmet, de la vue du prédateur, de l'oreille absolue du détecteur de mensonges, de la force de l'étrangleur et de la toute-puissance du raisonnement, il ne pouvait pas, une fois épuisé le tourbillon de signes captés au vol, d'indices furtifs et d'accents imperceptibles brassés par son film (la nuance par exemple qui transforme dans le titre *«bastard»* en *«basterd»*, le «u» de *Inglourious* restant inexpliqué) montrer dans son épilogue le triomphe d'un Landa recyclé et blanchi par les Américains comme un héros ayant mis fin à la guerre. Parce qu'il n'est pas un cinéaste cynique et qu'il a cru à son sujet, il lui fallait faire apparaître sur le visage de Landa, une seule et unique fois, un signe de désarroi, et le marquer au front, pour l'identifier à jamais, du stigmate indélébile de la svastika. «Je crois bien que c'est mon chef-d'œuvre», conclut le brutal Aldo.

VERS SA
DESTINÉE

par Emmanuel BURDEAU

DJANGO UNCHAINED

[2012]

Les éléments qui font de *Django Unchained* à la fois une suite et une réponse à *Inglourious Basterds* sont si nombreux qu'il serait aberrant de prétendre les analyser tous. Mais il y aurait aussi quelque étourderie à vouloir rendre compte du dernier film en date de Quentin Tarantino — son huitième — sans s'arrêter d'abord sur sa ressemblance avec l'avant-dernier. Bien qu'il ne soit pas de tous le plus spectaculaire, l'élément retenu ici en manière de passage de relais entre l'un et l'autre films ne saurait pour autant être tenu pour le moins significatif.

Avant de refranchir l'océan Atlantique en sens inverse, le lecteur voudra donc bien se reporter une dernière fois dans la France occupée des bâtards sans gloire menés par Aldo Rayne. Ce n'est pas, on le sait, sans quelque appréhension que trois d'entre eux se risquent à descendre dans la salle souterraine de la taverne «La Louisiane». À raison, puisqu'aucun n'en ressortira vivant, au terme d'une très longue scène, déjà évoquée dans ce livre, dont les vingt premières minutes passent en discussions et les trente dernières secondes seulement en fusillade. Pour en arriver là il faudra, entre autres péripéties compliquées et manœuvres dilatoires, qu'alerté par un drôle d'accent allemand le major de la Gestapo Hellstrom interrompe sa lecture et relève le diamant du disque qui la berçait. Il faudra qu'il abandonne sa retraite au fond de la salle pour venir s'approcher de la table où Archie Hicox — lieutenant britannique déguisé pour l'occasion en officier de la Wehrmacht —, la star de cinéma Bridget von Hammersmark et deux *basterds* allemands, l'un originaire de Francfort et l'autre de Munich — cela au moins est clair aux oreilles du major —, essaient tant bien que mal d'arranger les préparatifs de la fameuse Opération Kino.

Est-ce parce que ses soupçons ont été momentanément dissipés par l'explication, pourtant hautement improbable, fournie sur son injonction quant au lieu, insolite et retiré, où Hicox vit le jour? Ou bien, n'en croyant pas un traître mot, le major souhaite-t-il juste faire durer le plaisir et s'offrir quelques instants de détente avant de porter l'assaut contre ses ennemis démasqués? Toujours est-il qu'il propose — impose, plutôt — que tous les cinq se livrent à une partie de ce jeu auquel s'adonnent déjà les autres convives de «La Louisiane». La distraction est demeurée populaire, elle continue à faire les délices des soirées entre amis: elle consiste, je le rappelle à tout hasard, à inscrire sur une carte le nom d'un personnage réel ou fictif, mais connu de tous, puis à passer cette carte à son voisin de droite. L'ayant humectée avec sa langue, celui-ci se la colle sur le front avant de poser à l'assemblée de ses partenaires une série de questions lui permettant d'avancer progressivement dans la découverte de qui il est.

Le major semble ravi. Si enthousiaste et si manifestement rompu à l'exercice qu'il insiste pour tirer le premier, afin d'administrer aux novices une démonstration tout ensemble instructive et imposante. Il établit ainsi bien vite que son personnage est né dans la jungle, qu'il a visité l'Amérique et que cette visite ne lui fut pas bénéfique — ce qui n'empêche pas qu'elle pût l'être pour autrui. Puis il passe à la vitesse supérieure pour, sans reprendre son souffle, se voir confirmer que c'est bien en bateau qu'il quitta sa jungle natale pour l'Amérique ; qu'il y fut mené contre son gré et dans les chaînes ; enfin qu'arrivé en Amérique, c'est enchaîné encore qu'on l'exhiba. Ses progrès vont si bon train que c'est au bord de l'exultation que le champion croit pouvoir demander, quasi sûr de l'imminence de son triomphe : *« Bin ich die Geschichte des Negers in Amerika ? »*. La réponse est non. Il n'est pas « l'histoire du Nègre en Amérique ». Brièvement décontenancé, le major n'a besoin que d'une fraction de seconde pour se reprendre et affirmer, cette fois sans l'ombre d'un doute, qu'en ce cas il ne peut être que King Kong. Bingo ! Tel est en effet le nom à la fois grandiose et infamant que Stiglitz, déserteur de l'armée allemande reconverti en tueur de nazis, avait railleusement inscrit au feutre, après avoir reconnu en son voisin la brute dont le fouet lacéra naguère son dos nu.

Tarantino avait ainsi dès *Inglourious Basterds*, à la faveur d'une de ces alternatives-devinettes dont il a depuis toujours la passion, résumé à grands traits « l'histoire du Nègre en Amérique » et commencé d'envisager en venir un jour prochain à la raconter — avant de faire au dernier moment bifurquer la devinette vers une histoire d'un autre genre. Promesse aujourd'hui tenue : c'est bien cette histoire, ou du moins quelques-uns des chapitres de cette histoire, que raconte *Django Unchained*. L'action se déroule en 1858, deux ans avant le déclenchement de la guerre de Sécession, dans le Sud des États-Unis, de l'état du Texas à celui du Mississippi. C'est bien enchaîné, en effet, que le spectateur découvre l'esclave noir Django, se traînant péniblement, et en haillons, aux côtés d'une demi-douzaine de compagnons d'infortune dans un paysage de pierre évocateur de l'ouverture du *Django* originel. La parenté entre les deux westerns, celui de 2012 et celui de 1966, celui de Quentin Tarantino et celui de Sergio Corbucci, n'ira pas tellement plus loin, puisqu'hormis ce détail elle se résume à la reprise d'un titre, d'un schéma général — un homme cherche à venger sa bien-aimée —, à celle d'une chanson et de la graphie rouge du générique, ainsi qu'à un *cameo* amical et quelque peu potache de Franco Nero, premier interprète du rôle.

D'ici quelques minutes, Django sera délivré de ses chaînes puis de sa condition d'esclave par un ex-dentiste allemand devenu chasseur de primes, le docteur King Schultz, lequel est venu requérir son aide afin d'identifier la fratrie criminelle qu'il a reçu mandat de produire devant la loi, morte ou vive, morte de préférence. Ensemble ils feront un long voyage au cours duquel, pendant un temps, ils formeront tandem avant de s'introduire sous des identités d'emprunt dans l'immense plantation de coton où l'épouse du premier est employée, sans doute comme « esclave de confort » — en clair : prostituée — par l'impitoyable Calvin J. Candie.

Tarantino raconte donc une nouvelle histoire d'oppression et d'émancipation, celle des Noirs après celle des Juifs. D'un film à l'autre, les termes du problème ont pourtant été inversés de manière presque symétrique. Alors que c'était un Américain qui, dans *Inglourious Basterds*, avait accompli le voyage depuis les hauteurs des Appalaches jusqu'à la France occupée — *via* l'Afrique du Nord et la Sicile — pour donner une leçon aux nazis, c'est aujourd'hui à un Allemand qu'il revient de porter un regard terrifié sur l'Amérique du milieu du XIXe. Schultz, pourtant aguerri par son expérience de chasseur de primes, aura plus d'un haut-le-cœur face aux horreurs dont il sera le témoin à son corps défendant, notamment le spectacle de deux esclaves se livrant bataille à mort sur le parquet d'un bordel huppé, l'un allant jusqu'à crever les yeux de l'autre avant de l'achever au marteau, ou celui d'un autre esclave, fantasquement baptisé d'Artagnan, tout bonnement jeté aux chiens pour avoir refusé, faute de forces suffisantes, de se livrer une fois de plus à ces combats que Candie prend plaisir à organiser.

Django Unchained organise comme *Inglourious Basterds*, le face-à-face de la barbarie et de la civilisation. À nouveau, Tarantino cite *La Lettre à Elise*, fait claquer le fouet et entendre une symphonie d'idiomes et d'accents, de l'américain parlé avec l'accent traînant du Sud à celui que Schultz articule avec gourmandise, et de cet américain décliné en plusieurs versions à une conversation en allemand et même à quelques rudiments de français. Comme *Inglourious Basterds* encore, *Django Unchained* culmine en une grande explosion, à la fois feu de joie et destruction sans espoir de retour. Après le visage de la vengeance juive vient ainsi celui de la vengeance noire, après Mélanie Laurent dans le rôle de Shosanna Dreyfus / Emmanuelle Mimieux vient Jamie Foxx dans celui de Django.

Il y a donc à la fois continuité et inversion: persévérance, mais aussi évolution du cinéma de Tarantino. La profondeur du rapport entre les deux films ne se résume toutefois pas à un échange de polarités morales et politiques entre l'Allemagne et les États-Unis, comme si le cinéaste avait voulu poursuivre le travail historique engagé avec *Inglourious Basterds* tout en faisant en quelque sorte acte d'humilité. Comme s'il avait tenu à balayer devant sa porte après avoir balayé devant celle des autres, c'est-à-dire montrer que si les Américains pouvaient à bon droit en remontrer à l'Europe au moment de l'Occupation, en d'autres temps le contraire ne fut pas moins vrai. L'intention, certes, est probable. Ce d'autant plus que Tarantino n'est pas cinéaste à dédaigner les effets de rime. Et sans doute cette intention n'est-elle pas exempte de noblesse ni de surprise, de la part de celui que beaucoup crurent longtemps à mille lieues de pareilles délicatesses. Il faut donc saluer comme il se doit ce geste de «retour à l'envoyeur» — à condition cependant de ne pas se hâter au point d'oublier qu'aucun parallèle au sens strict ne saurait être tracé entre l'Allemagne nazie et l'Amérique esclavagiste. En outre et plus décisivement pour notre propos, ce geste ne dit pas l'essentiel quant à la manière dont *Django Unchained* à la fois succède à *Inglourious Basterds* et se prête à la récapitulation de vingt ans d'itinéraire tarantinien.

Ce qui tout à l'heure frappait chez le major Hellstrom était à la fois sa vivacité dans le jeu et le fait qu'il semblait tenir pour équivalents, au point de substituer l'un à l'autre en un éclair, la véritable «histoire du Nègre en Amérique» et le mythe, créé pour le cinéma et mettant en scène le cinéma lui-même, du gorille géant arraché à l'Île du Crâne pour être offert en attraction aux foules new-yorkaises. La différence entre histoire vraie et histoire inventée lui paraissait si accessoire ou si grossière qu'il avait commencé par affirmer, dans un sourire de dédain, ne pas souhaiter demander si son personnage était réel ou fictif, jugeant la question trop facile, indigne de lui. Même s'il est connu que le mythe de King Kong porté pour la première fois à l'écran en 1933 par Merian C. Cooper et Ernest B. Schoedsack — et au moins deux fois depuis, par John Guillermin en 1976 puis par Peter Jackson en 2005 — peut en effet passer, entre autres métaphores, pour celle du destin du peuple noir, la possibilité qu'on puisse juger ces deux récits strictement interchangeables ne manque pas de surprendre. Et d'horrifier, aussi.

L'essentiel d'*Inglourious Basterds*, dont la majorité des personnages avait partie liée avec le cinéma, tenait dans l'hypothèse d'une telle indécidabilité entre histoire réelle et histoire fictive. Shosanna / Emmanuelle concevait ainsi une horreur toute particulière en comprenant la raison pour laquelle des officiers allemands se succédaient comme à la queue-leu-leu pour venir congratuler avec force courbettes et mendier un autographe à celui qu'elle prenait jusque-là pour un simple soldat doublé d'un enquiquineur. Du haut d'un perchoir, Fredrick Zoller avait en quatre jours abattu plus de trois cents soldats ennemis. Mieux, ou plutôt pire : le même Fredrick Zoller avait interprété son propre rôle dans une production de Joseph Goebbels, intitulée *La Fierté de la nation*, remettant en scène son acte héroïque. C'est à ce double titre qu'il recevait à présent les félicitations onctueuses de ses supérieurs. « La fierté de la nation, c'est vous ? Vous êtes la vedette de *La Fierté de la nation* ? », demandait alors avec dégoût Shosanna / Emmanuelle. On ne savait plus, soudain, ce qu'il était advenu d'un mot aussi précieux que « fierté », s'il continuait encore de renvoyer à un exploit authentique ou ne désignait plus qu'un titre de film. L'horreur étant qu'en signifiant l'un et l'autre à la fois, il pût avoir définitivement perdu toute valeur positive. Terreur et vertige : dans la langue de Tarantino, italique, romain et guillemets venaient de se confondre pour entrer dans la plus macabre des danses.

C'est dire si le cinéma, dans *Inglourious Basterds*, ne faisait pas que sauver, racheter ou réécrire l'Histoire. Il participait aussi, pleinement, de son cauchemar. De l'Histoire aux histoires et des histoires à l'Histoire il n'y avait jamais qu'un pas, d'autant plus périlleux que comique, bien souvent, ressemblant à celui qu'on fait en mettant le pied sur une peau de banane. Comme d'autres avant lui, Ernst Lubitsch au premier chef, Tarantino avait compris que, s'il fallait porter l'attaque contre le nazisme sur l'un de ses terrains préférés, la représentation, cela ne pouvait être qu'au prix de consentir à montrer de quelles funestes compromissions celle-ci pouvait à l'occasion se rendre coupable.

Rien de cela, sans doute, dans *Django Unchained*. Aucune référence au cinéma, malgré le bref insert sur une expérience de photographie en trois dimensions menée par une Zoe Bell — la doublure d'Uma Thurman pour *Kill Bill* devenue la cascadeuse intrépide de la deuxième partie de *Boulevard de la mort* — méconnaissable sous le foulard qui lui masque le visage. C'est la première fois que Tarantino situe un de ses films à une époque antérieure à l'invention des frères Lumière. L'équation de *Django Unchained*, c'est donc *Inglourious Basterds* renversé, moins le cinéma. L'Histoire sans l'Histoire du cinéma. L'Histoire du peuple noir sans la promesse ou au contraire la menace de sa métaphorisation sur grand écran.

Il ne faudrait pas en inférer que le cinéaste livre ici un récit nu, débarrassé de tout halo. Bien au contraire. Il se trouve seulement que celui de *Django Unchained* prend place à l'intérieur d'un cadre dont les origines sont si lointaines qu'elles se perdraient presque, comme on dit, dans la nuit des temps. À l'occasion d'un bivouac, Schultz apprend en effet de Django que celui-ci est marié et qu'enfant, son épouse eut une maîtresse allemande qui la prénomma Broomhilda. « Brünhilda ! ? », s'exclame le bon docteur, qui ne tarde pas à expliquer à son compagnon le motif de sa stupeur. Brünhilda, rappelle-t-il, est le prénom de la fiancée de Siegfried. Il fait nuit, Schultz s'asseoit au creux d'une roche pour raconter la fameuse légende allemande. Un jour, Siegfried entreprit d'aller délivrer sa fiancée tout en haut de la montagne où son père, Wotan, le dieu des dieux, la retenait prisonnière — pour une raison que Schultz prétend avoir oubliée —, entourée d'une muraille de feu et gardée par un féroce dragon. Accroupi, Django se dandine comme un enfant impatient de connaître la fin de l'histoire, tandis que Schultz joint parfois le geste à la parole pour esquisser l'ombre d'une montagne ou d'un dragon sur la roche derrière lui. Le récit achevé, le premier conclut en confiant qu'il commence à comprendre et partager les sentiments qu'éprouva Siegfried au moment d'entamer sa quête.

Le cinéma a donc laissé place à l'une des plus célèbres légendes occidentales. Ce changement en emporte d'autres avec lui, notamment celui du statut de toute la narration. *Django Unchained* ne met pas en balance l'histoire de Django et celle de Siegfried comme hier celles de King Kong et du peuple noir. Le récit allemand apparaît ici à la fois comme l'origine et comme l'horizon du récit américain. Il en fixe le cap de la manière à la fois la plus fabuleuse et la plus fiable qui soit, telle cette étoile du Nord dont Schultz avait indiqué le repère aux compagnons de chaîne de Django.

Et cela, bien sûr, change également le statut et la place de la parole, dont le rapport avec l'action a toujours été, on le sait, un bon indice de l'évolution de Tarantino. *Django Unchained* est le premier film du cinéaste dans lequel il revient véritablement à la parole d'énoncer la loi de l'action. Soit qu'elle l'ait dès l'abord anticipée du plus loin qu'il se puisse, depuis le temps immémorial où s'inventèrent les légendes. Soit au contraire qu'elle lui succède immédiatement pour en proposer une justification à la fois inattendue et irréfutable. La chose arrive ici en deux occasions choisies. La première survient à la suite du meurtre par Schultz du shérif de Daughtrey, en pleine rue et sans lui avoir fait la politesse d'aucune sommation; et la seconde après que Django a abattu deux des frères Brittle pour la poursuite desquels le docteur — qui se charge bientôt du dernier — était venu le trouver. Stupéfaction des citoyens de Daughtrey puis des occupants de la plantation de Big Daddy. Que s'est-il passé ? Schultz explique très doctement qu'il a été mandaté pour rechercher ces hommes, ainsi que le prouve le papier qu'il a en main et qu'il tient à la disposition de ses interlocuteurs. Il ne mérite donc pas d'être jeté en prison, encore moins pendu, pour ce qu'il vient de commettre. Il doit au contraire être dûment rétribué et même félicité, puisqu'il exerce la profession somme toute respectable de chasseur de primes.

Entre la parole et le coup de feu il y eut successivement, chez Tarantino, inflation (*Reservoir Dogs*), bévue ou lapsus (*Pulp Fiction*), déflation ou chute de tension (*Jackie Brown*), alternance libre (*Kill Bill*), saut dans le vide (*Boulevard de la mort*) et décharge (*Inglourious Basterds*). D'un film à l'autre le projet est toutefois demeuré à peu près le même : le cinéaste a toujours tenté de nouer entre les deux instances une manière de pacte. Il semble y être parvenu avec *Django Unchained* : pronostic légendaire ; contrats que le chasseur de primes promène partout avec lui ; actes de vente et d'affranchissement des esclaves ; signatures manuscrites et tampons coulés à la cire. Le rapport s'est donc inversé, là encore. L'action a cessé de déborder ou d'effacer la parole. L'action est désormais enveloppée par la parole. Toutes deux font corps, elles s'entre-appartiennent. N'est-ce pas sur l'un de ces fameux avis de recherche imprimés de la mention «*Most Wanted*» que Schultz donne à Django une leçon de lecture marquant également son entrée dans le métier de *bounty hunter* ? Et n'est-ce pas en voyant Schultz descendre à bonne distance le troisième des Brittle Brothers que Django réalise ce que veut dire ce mot dont il confessait à l'instant ignorer le sens, «*positive*» ? «*I'm positive he dead*», commente-t-il : je suis sûr qu'il est mort. Sûr, *indeed*, que c'est dans l'intimité de la mort que l'ex-esclave apprend à parler, à lire et à écrire.

Il serait donc malavisé de croire que le personnage de Schultz entretient quelque affinité avec celui de Landa, au motif que tous deux sont interprétés par le même acteur, le merveilleux Christoph Waltz, et que tous deux prennent manifestement un plaisir incomparable à parler. La maîtrise de la parole a un autre sens dans *Django Unchained* que dans *Inglourious Basterds*. Le colonel SS en faisait un moyen de tromperie et de violence, une arme n'appartenant qu'à lui, alors que le chasseur de primes ne dissimule pas un seul instant qu'il se contente d'emprunter une langue qui n'est pas la sienne. C'est l'une de ses premières répliques, lancée aux deux hommes qui conduisent la chaîne où est Django, pour s'excuser d'utiliser des mots compliqués qu'ils ne comprennent pas : l'Anglais n'est que sa seconde langue. Dans chacune des phrases si finement ourlées et fleuries de Schultz, il faut donc entendre autant le souci d'un bien-dire dont il ne voudrait oblitérer aucune nuance que la conscience d'avancer en terre étrangère. Son ancien état de docteur de la bouche le résume assez bien, dont ne lui reste aujourd'hui — outre l'exigence de ne pas faire n'importe quoi avec ses mâchoires — que cette molaire qui, perchée sur le toit de sa carriole, s'agite constamment sur son ressort tandis qu'il va son chemin. C'est dans le creux de cette molaire que Schultz aime à cacher son argent, et dans ce même creux qu'il glissera à la place quelques bâtons de dynamite pour une première explosion mettant en déroute l'attaque des hommes du Ku Klux Klan.

La langue entière, désormais, apparaît chez Tarantino comme un emprunt ou comme une citation, faisant signe vers la bouche d'où elle vient de tomber ou, plus loin en arrière, vers la roche ou la grotte où naissent les histoires. Dans cette perspective, l'antagoniste et le jumeau de Schultz n'est pas le Calvin Candie interprété avec rage par Leonardo DiCaprio, seul personnage du film à revendiquer une maîtrise autoritaire de la langue, mais son domestique en chef, le très retors et très intelligent Stephen. Stephen habite lui aussi la langue, mais différemment que Schultz. Il la martyrise à coups de couinements et de cris d'orfraie, multipliant les néologismes et reprenant en écho, perché au-dessus de son épaule, les dernières syllabes prononcées par son maître chéri. Samuel L. Jackson est extraordinaire dans ce rôle de traître à sa classe comme à son peuple : tantôt sournois et tantôt agressif, tantôt plaintif et tantôt hurlant. Si extraordinaire que Tarantino lui a accordé le privilège, insigne chez lui, de joindre quelques improvisations de son cru aux répliques écrites pour son personnage.

Il faut maintenant aller plus loin : avec l'abandon de toute possibilité métacinématographique, c'est carrément la place de la référence au sens large dans le cinéma de Tarantino qui se trouve transformée avec *Django Unchained*. L'on n'ignore pas quel chemin, *grosso modo*, le cinéaste a parcouru à cet endroit. *Reservoir Dogs* pouvait passer pour un film au second degré, avec sa narration alambiquée et son analyse de la chanson de Madonna. *Pulp Fiction* également, qui bouleversait davantage encore la chronologie du récit et s'inscrivait dès son titre sous le signe du recyclage fictionnel. Trois ans plus tard, *Jackie Brown* instaurait une manière de premier degré : moins d'ironie, et surtout la fin de non recevoir têtue opposée par une volonté inébranlable à toutes les manœuvres, langagières, policières ou criminelles, proliférant autour d'elle. Les deux *Kill Bill* tenaient de l'un et de l'autre à la fois. Un peu de second degré pour la réécriture des genres menée vers plusieurs fronts simultanément. Un peu de premier degré pour la mise en scène de combats — spécialement celui qui, dans le deuxième volet, oppose en *split-screen* Elle Driver et Beatrix Kiddo — opposant davantage deux surfaces que deux personnes. Vint ensuite le temps du degré zéro. Dans *Boulevard de la mort*, sauts et tremblements de la pellicule elle-même, tandis que Stuntman Mike mettait le pied au plancher, que brûlait l'asphalte et que s'échauffaient les langues bien pendues des demoiselles. Dans *Inglourious Basterds*, incendie de trois cent cinquante copies nitrate dans un cinéma parisien où tout le gratin nazi, Hitler inclus, était venu en grande pompe assister à la projection de *Der Stolz der Nation*.

Django Unchained pourra dès lors paraître en retrait, comparé au grand matérialisme de l'image voulu par ces deux derniers films. C'est que ce matérialisme est désormais si bien digéré que Tarantino n'éprouve plus le besoin de l'affirmer pour lui-même. Sans doute est-ce en partie pour cela qu'il a souhaité — il s'est montré très clair en interview à ce sujet — adopter une structure résolument linéaire. La chose est inédite pour lui : nulle manipulation temporelle, aucune sorte de chapitrage ni d'emprunt à la forme littéraire, exception faite de quelques cartons explicatifs et de brefs flashes où Django se souvient lui aussi avoir été fouetté ou hallucine la présence de son épouse à ses côtés, au milieu d'un lac ou dans un champ. Tarantino a donc décidé de suivre un personnage du début jusqu'à la fin d'un film, sans jamais le quitter ni adopter un autre point de vue que le sien. De ce fait, la singularité de son travail sur le plan du rythme n'a peut-être jamais paru aussi évidente, en particulier la manière toujours déconcertante — au point qu'on ne soit jamais tout à fait persuadé qu'elle soit, de fait, toujours entièrement concertée — dont le cinéaste expédie ici, là au contraire rallonge un épisode. La charge du Klu Klux Klan est ainsi aussi brève qu'est longue et belle sa préparation, notamment grâce aux dialogues hilarants sur les sacs mal taillés empêchant les uns et les autres de bien voir au travers des trous faits pour les yeux.

Sans doute peut-on regretter les circonvolutions des films précédents. Reste que la linéarité libère l'imprévisiblité, la latitude de passer subitement à autre chose, d'être bref quand il faudrait être long... Elle rappelle quels savants infléchissements engage la conduite tarantinienne d'une scène, de la colère à la caresse, du coup de gueule au murmure. Doigts qu'on claque, marteau qu'on écrase sur une table, mains qu'on frappe pour signifier que le temps est venu de passer aux choses sérieuses sont quelques-uns des marqueurs d'un art reposant pour part sur une science du *tempo* et de la scansion — l'usage de la musique en étant la preuve la plus tangible, mais non la plus profonde.

Ces marqueurs indiquent aussi qu'ici, plus qu'en tout autre film de Tarantino, il s'agit... de marquer, c'est-à-dire d'écrire. Ecrire un contrat de vente et d'affranchissement. Écrire les corps, aussi bien : les dos sur lesquels un fouet a laissé des cicatrices indélébiles ; les joues où le fer rouge a porté le petit *r* du *runaway*, cet esclave fugitif dès lors ravalé à un rang encore inférieur ; ailleurs encore, en rouge toujours, l'encolure d'un cheval ou les fleurs d'un champ de coton... Mais aussi et surtout écrire une histoire, tout simplement.

Tel ne fut pas toujours le souci de Tarantino. Raconter une histoire, oui. Mais l'écrire, non. Ses personnages ont longtemps été privés de biographie, sans autre identité qu'un costume noir et une couleur arbitrairement attribuée, comme au hasard. Avant même *Reservoir Dogs*, le premier scénario écrit par l'employé de Video Archives fut *True Romance*, porté à l'écran en 1993 par feu Tony Scott : le personnage de Patricia Arquette y confie ne pas, ou ne plus avoir aucune idée de ce qu'elle fait ni d'où elle vient. Elle sait qu'elle aime Elvis et les pâtisseries, mais c'est tout : son pedigree s'arrête là. En ces années, le rapport de Tarantino à la puissance de frappe et d'inscription des histoires avait trouvé à se résumer dans la fameuse « *commode story* » — sans doute le sommet de ce qu'a à offrir la grande circulation narrative de *Reservoir Dogs*. Souvenons-nous : afin de convaincre les voleurs de sa bonne foi, le flic infiltré joué par Tim Roth devait mémoriser une anecdote le mettant en scène dans la position délicate d'entrer dans les toilettes d'un aéroport, muni d'un sac d'herbe, pour y tomber nez à nez avec quatre policiers de Los Angeles accompagnés de leur berger allemand renifleur. D'un même mouvement authentiquement virtuose, Tarantino accompagnait les progrès de Freddy dans la maîtrise de sa performance, qu'il répétait d'abord à la manière d'un acteur, texte en main et face à la glace, et les étapes du récit lui-même. L'épisode s'achevait par le cumul de deux audaces. D'une part celle de faire tout à coup apparaître le narrateur sur la scène même de son anecdote — les commodités, ce grand théâtre tarantinien —, la caméra accomplissant alors des cercles complets autour de lui tandis qu'il continuait son récit, à moins d'un mètre des policiers. Et d'autre part celle d'offrir à cette même anecdote un dénouement aussi imprévisible que savoureux en montrant ces mêmes policiers trop occupés à partager une autre anecdote — au point d'ordonner le silence à leur chien — pour s'intéresser si peu que ce soit à l'homme entré là quelques secondes auparavant.

C'était alors, dans le cinéma de Tarantino, le règne de ce qu'un film ouvert par une analyse de « Like a Virgin » invite naturellement à appeler « l'immaculée narration ». Plus les personnages narraient, plus ils s'enfonçaient dans les méandres et dans les détours de la palabre et plus, en vérité, ils rebroussaient chemin vers un état originel du langage et de l'expérience. La virginité chantée par Madonna en livrait dès l'ouverture une première image, avant que la *« commode story »* en livre une seconde, plus précise, grâce à Tim Roth passant d'un toit constellé de graffitis à des toilettes toutes propres et grâce, surtout, à la trouvaille d'une histoire deux fois salvatrice : parce que narrée pour montrer patte blanche, et parce qu'incluant une seconde histoire dont la simple présence vaut *happy end*.

Le premier Tarantino était ainsi : rien n'arrivait, au fond, dans ses récits que le fait de narrer ; et plus les récits étaient nombreux, enchâssés, complexes, et plus leur enchâssement avait chance d'aboutir à une annulation d'histoire. Bien que la construction en diptyque de *Boulevard de la mort* évoque irrésistiblement celle d'*Une sale histoire* de Jean Eustache, Tarantino fut donc un temps ce cinéaste pour qui il ne saurait se concevoir d'histoire que propre. Ce cinéaste pour qui, si une histoire peut dire et montrer le sale — le sang, notamment —, elle ne peut en aucun cas l'être elle-même.

Tarantino n'en est plus là aujourd'hui. Pour justifier la brutalité de sa conduite alors qu'il s'apprête à entrer dans Candieland déguisé sous les traits du personnage le plus répugnant qui soit, celui du *« Black slaver »* ou négrier noir, Django fait valoir auprès de Schultz qu'il n'a pas le choix : il lui faut se salir les mains (en VO : *« In my world, you gotta get dirty. »*) « Se salir les mains » : l'expression prend également ici un sens plus large. Elle désigne un film dans lequel l'articulation d'une histoire à celle qui l'entoure ou l'enchâsse n'est plus un rapport d'annulation.

De Django à Siegfried il n'y a ni reflet ni mise en abyme, mais la mesure exacte de la distance que l'esclave doit parcourir pour rejoindre son histoire, c'est-à-dire devenir égal à la légende dont Schultz eut le souvenir en entendant prononcer le prénom de son épouse. Toujours, chez Tarantino, le récit se fait sous l'empire d'un nom ou d'un surnom. Mais cette multiplicité qui atteignait des sommets dans les deux *Kill Bill* puis dans *Inglourious Basterds*, façon à la fois d'affirmer et de disperser les figures, laisse aujourd'hui place à l'unicité d'un homme lancé à la poursuite de lui-même.

C'est pourquoi quelque chose s'écrit, bel et bien, dans *Django Unchained*. Et c'est pourquoi aussi il est logique — encore que déroutant, au premier abord — que Tarantino ait voulu qu'une dernière partie, séparée de ce qui précède par un écran noir, accompagne Django seul, jusqu'au bout de son parcours, après que Schultz et Candie ont péri à peu de minutes d'écart. Cette dernière partie, qui voit Django délivrer définitivement Broomhilda, s'accomplit à travers la conjugaison de plusieurs signes. Le signe de la parure: longtemps taciturne, Django adopte désormais la faconde de Schultz; de même il s'est emparé de l'éclatant costume et du beau porte-cigarettes arborés jusqu'à peu par Candie. Il sera donc allé du silence à la parole, et passé également par toute une succession de vêtements, de sa couverture d'esclave à sa tenue bleue de valet, à la veste en velours vert du chasseur de primes pour, enfin, adopter ce bordeaux dont il se félicite de découvrir qu'après tout il est bel et bien la couleur qui lui sied. Une transmission s'est faite, une capitalisation a eu lieu, un personnage s'est inventé en prélevant des morceaux d'apparence sur ceux qu'il a croisés tout au long de sa route.

C'est aussi le signe du sang, qui gicle ici en gerbes excessives au son de détonations pour lesquelles Tarantino n'a eu recours à aucun trucage numérique — surtout pas! —, mais, dit-on, à des bruitages d'explosion: la violence elle-même est devenue écriture, paradigme et outrance d'écriture. Affront lavant l'affront, cicatrice réparant d'autres cicatrices, sang jeté par litres sur les murs, d'où il ne sera pas nettoyé avant longtemps. C'est encore le signe des ombres: celles, chinoises, du baiser que Hilda et Django échangent enfin; celles des endeuillés regagnant la grande maison après avoir enterré leur maître. Comme si le cinéma seul, mais tout le cinéma, accompagnait et encourageait désormais Django dans sa quête.

Reste le plus important, le signe qui les rassemble tous. Reste le signe du feu. *Django Unchained*, on a déjà commencé à le dire, s'achève par l'explosion à la dynamite de la maison Candie, en une rime évidente avec le quasi-finale d'*Inglourious Basterds*. Le feu est omniprésent dans le film. C'est celui de la lanterne que Schultz laisse tomber dans la scène d'ouverture pour trouer la nuit d'un premier coup de feu. C'est celui grâce auquel les deux amis font diversion pendant l'attaque du Ku Klux Klan. Celui qui brûle dans la cheminée pendant que deux esclaves s'empoignent jusqu'à la mort. Le feu des bougies sur la table de Candie, pendant le grand repas au cours duquel se résument et se dénouent tous les antagonismes. Le feu qui fait fondre la cire servant à apposer le tampon sur l'acte de vente et d'affranchissement de Broomhilda.

À la fois destruction et lumière, le feu ne peut être qu'un signe ambivalent. Mais il semble bien que l'ambivalence penche ici d'un autre côté que dans *Inglourious Basterds*. Le feu dont *Django Unchained* fait un de ses motifs privilégiés s'apparente moins à un signe de mort qu'à un signe de vie. Il semble bien que, de lanterne en cheminée, d'apparition de Schultz à la nuit, tout juste éclairée d'une flamme, pendant laquelle il raconte la légende de Siegfried, il soit devenu le feu qui nourrit et réchauffe les histoires et non pas seulement celui qui les anéantit en même temps qu'il les réécrit. Vingt ans ont passé depuis *Reservoir Dogs*: le chien fou est devenu un ogre, un géant. Un conteur, tout comme Schultz. De ceux qui savent ranimer les plus anciennes histoires en faisant danser des signes de lumière sur les grands écrans du monde ou les parois de quelque roche antique, et dont la figure grandit à mesure que grandissent également les ombres que leurs récits font lever.

Ayant commencé avec une alternative, on finira avec une alternative, qui n'est à bien des égards que la reformulation sur un autre plan de la première, celle du major Hellstrom. On oublie souvent que Tarantino n'a pas mis un, mais bien deux monologues dans la bouche de David Carradine à la fin du deuxième volume de *Kill Bill*. Le premier est souvent cité, qui voit Bill expliquer la différence entre la vie et la mort à la faveur d'une histoire de poisson rouge et tout en gardant à la main un large couteau qui lui sert à la fois d'instrument rhétorique et d'image tranchante de cette différence. Mais le second n'est pour ainsi dire jamais mentionné. Est-ce parce qu'il paraît ressortir à cet esprit adolescent dont il faudrait à toute force extirper Tarantino? Son contenu importe pourtant, et son détail aussi.

Bill y expose à Beatrix les raisons pour lesquelles, entre tous les super-héros de bandes dessinées — dont il est féru —, sa préférence va depuis longtemps à Superman plutôt qu'à Spider-Man. La mythologie du genre, commence-t-il, suppose toujours qu'il y ait d'une part le super-héros et de l'autre son alter ego. C'est donc logiquement dans la relation entre les deux que les choses diffèrent d'un personnage l'autre. Batman, par exemple, est en vérité Bruce Wayne. Spider-Man, par exemple, est en vérité Peter Parker. Il est né ainsi, et c'est ainsi que chaque matin il se réveille : dans la peau de Peter Parker. Pour devenir Spider-Man il doit enfiler un costume. Superman, lui, est unique en ceci qu'il est et a toujours été Superman. C'est ainsi que chaque matin il se réveille : dans la peau de Superman. Sa tenue frappée d'un *S* n'est autre que la couverture qui l'enveloppait quand les Kent l'ont découvert alors qu'il n'était qu'un bébé. Ce vêtement est le sien. À l'inverse, le costume de son alter ego Clark Kent — les lunettes, le trois-pièces... — est le déguisement que Superman doit se résoudre à emprunter afin de se fondre parmi la foule des humains. Clark Kent peut donc être considéré comme l'image que Superman se fait de nous. Et quel genre d'homme est-il ? Faible, mal dans sa peau, lâche. En d'autres termes, conclut Bill, *« Clark Kent is Superman's critic on the whole human race »* : Clark Kent est un reproche, il incarne la critique que Superman adresse à l'humanité entière.

Rares sont les monologues de ce genre, chez Tarantino, qui déploient une alternative non pour la laisser ouverte, mais pour la résoudre et ainsi marquer un point dans la conversation. Le point que Bill entend marquer avec ce long développement est le suivant : Beatrice a eu tort de croire qu'elle pourrait renoncer à être une tueuse pour devenir Mrs. Tommy Plimpton. Être mariée à El Paso avec le banal propriétaire d'un magasin de disques d'occasion, aller au cinéma en sa compagnie, passer ses week-ends à boire de la bière et à organiser des barbecues n'avait aucune chance d'être une existence pour elle. Beatrix Kiddo n'y pourra jamais rien, elle n'est pas née Arlene Plympton. Chaque matin, quoi qu'il arrive, c'est ainsi qu'elle se réveillera : dans la peau de Beatrix Kiddo et non dans celle d'Arlene Plympton. Elle a toujours été et sera toujours une tueuse. Une tueuse-née, *« a natural born killer »*, ajoute Bill citant le titre d'un autre des scénarios écrits par Tarantino, celui-ci réalisé en 1994 par Oliver Stone.

Si le propos importe, c'est moins parce qu'il propose une justification pour le moins tardive et tordue à la tentative de meurtre de Bill sur Beatrix qu'en raison de ce que l'oscillation a toujours existé, chez Tarantino, avant et après *Kill Bill*, entre le costume du héros et celui de l'alter ego. Les *reservoir dogs* étaient des archétypes de film noir, dans leurs complets de même couleur. Mais ils étaient également personne, ou n'importe qui, des figurants ou des *« figurines »*, pour reprendre le mot de Jerome Charyn dans le bel essai que l'écrivain américain a consacré au cinéaste (Denoël, 2009). Le film se déroulait pour l'essentiel en huis clos, dans un hangar de théâtre, mais il lui arrivait aussi de sortir sous le soleil de Los Angeles pour y retrouver tous les signes de la réalité américaine la plus ordinaire. Chaque fois que cela se produisait, le spectateur n'en revenait pas de constater que puissent voisiner ainsi deux univers *a priori* inconciliables. Jules et Vincent, le duo de tueurs de *Pulp Fiction*, allaient et venaient également, au gré des ellipses ou des rebroussements temporels, entre le même complet noir et la tenue du parfait péquin de Californie : bermuda, T-shirt et tatanes. Un an plus tard, Tarantino réalisait — à sa demande, raconte-t-on — un épisode de la série *Urgences* intitulé *Motherhood*, dans lequel l'infirmière Carol Hathaway et le docteur Susan Lewis (Julianna Margulies et Sherry Springfield) réapparaissaient dans les couloirs de l'hôpital après être allées bronzer un moment sur le toit. C'étaient donc cette fois le T-shirt et les lunettes noires qui leur conféraient provisoirement cette allure d'héroïnes dont elles étaient d'ordinaire privées par le port réglementaire de la blouse. Et sur l'île japonaise d'Okinawa, Beatrix Kiddo en personne se présentait dans le bar à sushis de Hattori Hanzo avec toute l'apparence, non pas d'une tueuse, mais d'une étudiante américaine en voyage, chewing-gum et gloss y compris.

Le cinéaste réputé pour sa boulimie cinéphile et ses clins d'œil érudits est donc aussi le cinéaste qui n'aura cessé d'alterner les costumes. Les costumes de Spider-Man et de Peter Parker, de Superman et de Clark Kent. Le costume du héros et celui de personne, le costume du personnage et celui du spectateur. Contre toute attente, il a toujours eu soin de rapporter le cinéma à son envers, voire à son dehors. Insistons-y car le malentendu est tenace : Tarantino ignore moins que tout autre que si l'on fait des films avec ceux qu'on a vus, on en fait aussi pour les oublier. C'est-à-dire pour en sortir, briser les chaînes de ses influences et, si possible, s'affranchir du cinéma lui-même.

La deuxième partie de *Boulevard de la mort* l'a démontré avec assez d'éclat, en répétant la première sur un mode diurne et plus

« réaliste », mais aussi en mettant en scène des jeunes femmes qui, tout en ayant à l'évidence stature d'héroïnes, occupent dans le cinéma des fonctions subalternes dénuées de glamour : cascadeuse, maquilleuse... L'ironie de Bill à l'égard de ceux qui prétendraient se donner une apparence ordinaire ne doit donc pas forcément être comprise comme appartenant également au cinéaste. C'est d'ailleurs en spectatrices plutôt qu'en héroïnes que Béatrice et sa fille B.B. apparaissent au tout dernier plan de *Kill Bill*, nimbées pour toute aura de la lumière émanant de l'écran de télévision. Quant à Tarantino lui-même, il pourrait aussi bien être décrit comme le seul cinéaste star qu'aient produit la fin du XXe et le début du XXIe siècle que comme un plouc, un indécrottable bouseux natif de Knoxville, Tennessee, propulsé par erreur sur la scène de la gloire hollywoodienne.

Quel est le donc vrai costume ? Celui qui affirme le héros ? Ou celui qu'il endosse afin d'affecter d'être comme tout le monde ? Le « costume » manifeste ? Ou celui qu'on passe pour faire semblant de n'en porter aucun ? Ce pourrait être la question de Tarantino, celle qui, de *Reservoir Dogs* — dans lequel les policiers étaient d'office exclus de la catégorie des « vrais gens » — à *Django Unchained*, a commandé la fabrication et la disposition de ses figures. Leur évolution aussi, une fois de plus. Jusqu'à *Inglourious Basterds*, il y avait toujours quelque délice à voir le cinéaste conjuguer le cru et le cuit, quelque merveille à observer comment il s'amuse à faire dérailler le train électrique du cinéma pour tout à coup donner à entendre, par exemple, la banalité d'un échange à propos d'un test de grossesse au milieu d'un duel opposant deux super-tueuses. L'enchantement de son cinéma n'allait pas sans cette promesse de désenchantement où chacun pouvait naturellement trouver encore un enchantement d'un autre type. Il n'allait pas, plus largement, sans la possibilité à la fois réelle et métaphorique d'éteindre et d'allumer à l'envi toute la machinerie cinématographique. Deux cas seulement, parmi tant d'autres. La visite qu'Ordell Robbie rend à Jackie Brown, au cours de laquelle il s'obstine à tourner dans un sens le bouton de la lampe halogène, pour faire le noir, tandis qu'elle insiste pour le tourner dans l'autre sens, afin de faire revenir la lumière. Et bien sûr le crash qui achève la première partie de *Boulevard de la mort* par la répétition à quatre reprises, par Mike, d'allumer ses phares, une fraction de seconde avant l'impact.

Inglourious Basterds a mis fin à ces intermittences. Il y a mis fin en révélant qu'elles pouvaient servir d'alibi aux plus funestes desseins. Il les a remplacées — provisoirement peut-être — par un autre signe, le signe du feu. Le feu danse, aussi, mais il danse incessamment, sans que la variation de ses états puisse être visible pour elle-même. Django est un être de feu. À ce jour il est le seul personnage de tout le cinéma de Tarantino qui n'existe pas en deux versions, allumé ou éteint, super-héros ou alter ego, star ou spectateur. Pour atteindre à cette sorte d'incarnation ramassée, il aura fallu qu'il parcoure un long chemin lui permettant à son tour d'avancer progressivement dans la découverte de qui il est. Mais cette fois il ne s'agit pas d'un jeu. Il y va du destin d'un homme auquel il faut du temps pour réaliser qu'il est, lui aussi, selon un mot prononcé cette fois par Schultz, *«a natural»*. Un homme auquel sa nature n'est pas donnée d'emblée, donc, mais qu'il finit par atteindre en la découvrant égale à une légende — sa légende, celle de Siegfried, celle du «10 000e Nègre» de Candieland, celle de Django. Celui-ci peut alors divertir Broomhilda en faisant exécuter par son cheval — son vrai cheval, celui que l'acteur Jamie Foxx a l'habitude de monter — plusieurs tours sur lui-même : il a bouclé la boucle, et Quentin Tarantino aussi.

AUTEURS

Hervé AUBRON

est critique de cinéma et rédacteur en chef adjoint du *Magazine Littéraire*, il enseigne aussi à l'université Paris III - Sorbonne Nouvelle. Il a notamment publié un essai sur *Mulholland Drive*, de David Lynch (Yellow Now), et *Génie de Pixar* (Capricci).

Pascal BONITZER

est cinéaste. Il a réalisé six longs métrages, dont *Cherchez Hortense* en 2012, après avoir été, pendant plus de vingt ans, critique pour les *Cahiers du cinéma*.

Emmanuel BURDEAU

est critique de cinéma. Notamment auteur d'un ouvrage sur Vincente Minnelli (Capricci), il est également programmateur du Festival International du Film de La Roche-sur-Yon.

Éric CHAUVIER

est anthropologue et responsable d'enseignements à l'EHESS. Il a notamment étudié les institutions de l'action sociale et les zones pavillonnaires. Ces livres sont parus aux éditions Allia (*Contre Télérama*, *Somaland*, entre autres) et Anacharsis (*Anthropologie de l'ordinaire*).

Marie GIL

est ancienne élève de HEC, agrégée et docteur en littérature française du XXe siècle. Elle est l'auteur de plusieurs essais de critique formelle et d'une biographie de Roland Barthes (Flammarion, 2012).

Noémie LUCIANI

a étudié la littérature populaire et l'histoire de la presse à Paris IV. Elle est aujourd'hui critique de cinéma pour *Le Monde* et collabore à la revue en ligne *Independencia*.

Patrice MANIGLIER

est maître de conférences en philosophie et arts du spectacle à l'université Paris Ouest Nanterre. Il est notamment l'auteur de *Foucault va au cinéma*, avec Dork Zabunyan (Bayard, 2011).

Jean NARBONI

a été rédacteur en chef des *Cahiers du cinéma* de 1968 et 1974. Il a dirigé les hors-série et les éditions de la revue jusqu'au milieu des années 1980. Il a publié des ouvrages sur Mikio Naruse (Cahiers du cinéma), *En présence d'un clown* d'Ingmar Bergman (Yellow Now) et *Le Dictateur* de Charlie Chaplin (Capricci).

Corinne RONDEAU

est maître de conférences en esthétique et sciences de l'art. Elle collabore à France Culture et publie régulièrement des chroniques d'art contemporain, pour des catalogues d'exposition et des ouvrages scientifiques.

Nicolas VIEILLESCAZES

est éditeur (Les Prairies ordinaires), traducteur et chargé de cours à l'université de Paris-Sorbonne.

capricci

LA PREMIÈRE COLLECTION

Frédéric de Towarnicki
LES AVENTURES DE HARRY DICKSON scénario pour un film (non réalisé) par Alain Resnais

Werner Herzog
MANUEL DE SURVIE
entretien avec Hervé Aubron et Emmanuel Burdeau

Werner Herzog
CONQUÊTE DE L'INUTILE

Jim Hoberman
THE MAGIC HOUR
une fin de siècle au cinéma

Luc Moullet
NOTRE ALPIN QUOTIDIEN
entretien avec Emmanuel Burdeau et Jean Narboni

Luc Moullet
PIGES CHOISIES
(de Griffith à Ellroy)

Stan Brakhage
THE BRAKHAGE LECTURES

Slavoj Žižek
TOUT CE QUE VOUS AVEZ TOUJOURS VOULU SAVOIR SUR LACAN SANS JAMAIS OSER LE DEMANDER À HITCHCOCK

Murray Pomerance
ICI COMMENCE JOHNNY DEPP

Jean Narboni
...POURQUOI LES COIFFEURS?
Notes actuelles sur Le Dictateur

Michel Delahaye
À LA FORTUNE DU BEAU

Judd Apatow
COMÉDIE, MODE D'EMPLOI
entretien avec Emmanuel Burdeau

James Agee
LE VAGABOND D'UN NOUVEAU MONDE

Monte Hellman
SYMPATHY FOR THE DEVIL
entretien avec Emmanuel Burdeau

Fredric Jameson
FICTIONS GÉOPOLITIQUES
Cinéma, capitalisme, postmodernité

Jean Gruault
HISTOIRE DE JULIEN & MARGUERITTE
scénario pour un film de François Truffaut

Walter Murch
EN UN CLIN D'ŒIL
Passé, présent et futur du montage

Collectif
THE WIRE
Reconstitution collective
(en coédition avec Les Prairies ordinaires)

Louis Skorecki
SUR LA TÉLÉVISION
De Chapeau melon et bottes de cuir à Mad Men

Philippe Cassard
DEUX TEMPS TROIS MOUVEMENTS
Un pianiste au cinéma
entretien avec Marc Chevrie et Jean Narboni

Jia Zhang-Ke
DITS ET ÉCRITS D'UN CINÉASTE CHINOIS

Stanley Cavell
LA PROTESTATION DES LARMES
le mélodrame de la femme inconnue

Benoît Delépine & Gustave Kervern
DE GROLAND AU GRAND SOIR
entretien avec Hervé Aubron et Emmanuel Burdeau

Luc Moullet
CECIL B. DeMILLE L'EMPEREUR DU MAUVE

Peter Szendy
L'APOCALYPSE-CINÉMA
2012 et autres fins du monde

Adolpho Arrietta
UN MORCEAU DE TON RÊVE
Underground Paris-Madrid 1966-1995
entretien avec Philippe Azoury

Florian Keller
COMIQUE EXTRÉMISTE
Andy Kaufman et le rêve américain

Kijû Yoshida
MEXIQUE, HEUREUSE MÉTAPHORE
Journal de non-tournage 1977-1982

Ed Wood
COMMENT RÉUSSIR (OU PRESQUE) À HOLLYWOOD

Philippe Azoury
PHILIPPE GARREL, EN SUBSTANCE

à paraître

Kirk Douglas
I AM SPARTACUS
(hors format)

Pierre Léon
JEAN-CLAUDE BIETTE, LE SENS DU PARADOXE

hors collection

Emmanuel Burdeau
VINCENTE MINNELLI

Collectif
OTTO PREMINGER

ACTUALITÉ CRITIQUE

Emmanuel Burdeau
LA PASSION DE TONY SOPRANO

Philippe Azoury
À WERNER SCHROETER, QUI N'AVAIT PAS PEUR DE LA MORT

Hervé Aubron
GÉNIE DE PIXAR

Juan Branco
RÉPONSES À HADOPI

Guillaume Orignac
DAVID FINCHER OU L'HEURE NUMÉRIQUE

Jacques Rancière
BÉLA TARR, LE TEMPS D'APRÈS

Stéphane Bouquet
CLINT FUCKING EASTWOOD

Louis Skorecki
D'OÙ VIENS-TU DYLAN ?

EN REVUE

Capricci 2011

André S. Labarthe
LA SAGA « CINÉASTES, DE NOTRE TEMPS »

Capricci 2012

Collectif
DANSE ET CINÉMA

à paraître

Capricci 2013

QUE FABRIQUENT LES CINÉASTES

Pedro Costa
DANS LA CHAMBRE DE VANDA

Jean-Claude Rousseau
LA VALLÉE CLOSE

Albert Serra
HONOR DE CAVALLERIA

Pierre Creton
TRILOGIE EN PAYS DE CAUX

ÉCRIRE AVEC, LIRE POUR

BÉATRICE MERKEL
Alferi / Serra, Bégaudeau / Mazuy, Bouquet / Denis, Montalbetti / Champetier, Sorman / Lvovsky

SACHA LENOIR
Kerangal / Poupaud, Rosenthal / Larivière, Lefranc / Ferreira Barbosa, Coher / Preiss, Pagano / Bonitzer

DVD

Robert Kramer
MILESTONES — ICE

Dominique Marchais
LE TEMPS DES GRÂCES

Ingmar Bergman
EN PRÉSENCE D'UN CLOWN

Alain Della Negra et Kaori Kinoshita
THE CAT, THE REVEREND AND THE SLAVE

Jean-Charles Hue
LA BM DU SEIGNEUR

Monte Hellman
ROAD TO NOWHERE

Albert Serra
LE CHANT DES OISEAUX — LE SEIGNEUR A FAIT POUR MOI DES MERVEILLES

Denis Côté
CURLING

Wang Bing
LE FOSSÉ - FENGMING

Abel Ferrara
GO GO TALES

André S. Labarthe
LA DANSE AU TRAVAIL

Joana Preiss
SIBÉRIE

à paraître

HPG
LES MOUVEMENTS DU BASSIN

Raphaël Siboni
IL N'Y A PAS DE RAPPORT SEXUEL

LES PRAIRIES ORDINAIRES

«PENSER/CROISER»

Mike Davis
SOYEZ RÉALISTES, DEMANDEZ L'IMPOSSIBLE
2012

Mike Davis
DEAD CITIES
2009

Mike Davis
LE STADE DUBAÏ DU CAPITALISME
2007

W.J.T. Mitchell
CLONING TERROR, OU LA GUERRE DES IMAGES DU 11 SEPTEMBRE AU PRÉSENT
2011

W.J.T. Mitchell
ICONOLOGIE. IMAGE, TEXTE, IDÉOLOGIE
2009

David Harvey
LE NOUVEL IMPÉRIALISME
2010

David Harvey
GÉOGRAPHIE DE LA DOMINATION
2008

Wendy Brown
MURS. LES MURS DE SÉPARATION ET LE DÉCLIN DE LA SOUVERAINETÉ ÉTATIQUE
2009

Wendy Brown
LES HABITS NEUFS DE LA POLITIQUE MONDIALE. NÉOLIBÉRALISME ET NÉO-CONSERVATISME
2007

Perry Anderson
LES ORIGINES DE LA POSTMODERNITÉ
2010

Nina Power
LA FEMME UNIDIMENSIONNELLE
2010

Nelson Lichtenstein et Susan Strasser
WAL-MART L'ENTREPRISE-MONDE
2009

Raymond Williams
CULTURE & MATÉRIALISME
2009

Franco Moretti
GRAPHES, CARTES ET ARBRES. MODÈLES ABSTRAITS POUR UNE AUTRE HISTOIRE DE LA LITTÉRATURE
2008

Hal Foster
DESIGN & CRIME
2008

Álvaro Garc'a Linera
POUR UNE POLITIQUE DE L'ÉGALITÉ. COMMUNAUTÉ ET AUTONOMIE DANS LA BOLIVIE CONTEMPORAINE
2008

Coco Fusco
PETIT MANUEL DE TORTURE À L'USAGE DES FEMMES-SOLDATS
2008

Mike Davis et Daniel Bertrand Monk
PARADIS INFERNAUX. LES VILLES HALLUCINÉES DU NÉO-CAPITALISME
2008

Stanley Fish
QUAND LIRE C'EST FAIRE. L'AUTORITÉ DES COMMUNAUTÉS INTERPRÉTATIVES
2007

Fredric Jameson
LA TOTALITÉ COMME COMPLOT. CONSPIRATION ET PARANOÏA DANS L'IMAGINAIRE CONTEMPORAIN
2007

«SINGULIÈRES MODERNITÉS»

David Harvey
PARIS, CAPITALE DE LA MODERNITÉ
2012

Ernst Bloch
THOMAS MÜNZER, THÉOLOGIEN DE LA RÉVOLUTION
2012

à paraître

Kristin Ross
RIMBAUD, LA COMMUNE DE PARIS, ET L'INVENTION DE L'HISTOIRE SPATIALE
2013

ESSAIS

Félix Guattari
LA RÉVOLUTION MOLÉCULAIRE
2012

Alain Badiou
LES ANNÉES ROUGES
2012

Jérôme David
SPECTRES DE GOETHE
2012

Daniel Bensaïd
WALTER BENJAMIN, SENTINELLE MESSIANIQUE
2010

David Vercauteren,
MICROPOLITIQUES DES GROUPES. POUR UNE ÉCOLOGIE DES PRATIQUES COLLECTIVES
2010

Le texte est composé en *Piek*, dessinée par Philipp Herrmann
et en Simplon BP Mono dessinée par Emmanuel Rey

Images:
Couverture DR, avec l'aimable autorisation de Quentin Tarantino
p. 1 DR, *Inglourious Basterds* est disponible en Blu-ray
et DVD chez Universal Studio Canal Video

Achevé d'imprimer en mars 2013
sur les presses de l'imprimerie Qualibris France Quercy, 46090 Mercuès

Dépôt légal: janvier 2013